AF450387

LES
ÉTAPES D'UNE BERLINE

A TRAVERS

LE TYROL, L'ENGADINE ET LES GRISONS

— JUIN 1864 —

IMPRIMÉ EN LA VILLE DE LYON

CHEZ PITRAT AÎNÉ

À 325 exemplaires, dont 25 sur hollande

POUR ÊTRE OFFERTS, PAR L'AUTEUR

A SA FAMILLE ET A SES AMIS

LES
ÉTAPES D'UNE BERLINE

A TRAVERS

LE TYROL, L'ENGADINE ET LES GRISONS

— JUIN 1864 —

Lectures données
à la section lyonnaise du *Club-Alpin français*
dans ses séances générales
des 1er février, 5 avril et 3 mars 1881

PAR

L. VIGNET

LYON

IMPRIMERIE PITRAT AINÉ
4, RUE GENTIL, 4

1880

LES

ÉTAPES D'UNE BERLINE

A TRAVERS

LE TYROL, L'ENGADINE ET LES GRISONS

— JUIN 1864 —

I

BOTZEN

Messieurs et chers collègues,

Le 8 juin 1864, à la barbe de saint Médard et de son pluviomètre, je quittai Venise, rentrant en France par le chemin de l'école buissonnière, par la ligne courbe à grands rayons du Tyrol.

— Vérone! Quinze minutes d'arrêt! Messieurs les voyageurs pour le pôle Nord changent de voiture!

Là, en effet, se soude le railway. italo-germanique, par le col du Brenner. Il a si peur de s'égarer, que, pour tout au monde, rien ne saurait l'arracher aux rives de l'Adige dont il accepte la tutelle.

Et, comme il fait bien!

1

Ah ! Messieurs, que de séductions ! que de joies pour l'âme et les yeux dans cet Adige qui prend naissance aux Alpes de la basse Engadine ! L'Adige a tout, le soleil, la verdure, les sapins, les neiges, les cascades, la population la plus saine, la plus belle, la plus croyante. Tel est le vestibule du Tyrol. Quand j'étais jeune (dans la nuit des temps), Tyrol, Tyroliens et Tyroliennes, trois noms magiques, se permettaient avec moi je ne sais quelles familiarités. « Vous, mes enfants, me disais-je tout en piochant mes Institutes de Justinien, tôt ou tard j'irai vous porter ma carte. »

Cette carte de 1835, je la leur ai portée en 1864, la Providence poussant à la roue.

La Suisse n'est pas plus belle. L'empereur François-Joseph, dans les écrins de sa couronne austro-hongroise, n'a pas de perles comparables à sa perle du Tyrol, ni dans son portefeuille, de valeurs plus solides, je veux dire de sujets plus loyaux et plus dévoués que ses Tyroliens.

Si j'étais le tailleur à la mode, ou la couturière en renom, je détaillerais par le menu les costumes du pays.

Côté des hommes : toujours la culotte courte bouclée au genou, les bretelles historiées d'arabesques, le chapeau conique avec la plume d'aigle en guise de paratonnerre.

Côté des dames : pas de robes à traîne, au contraire ; les cheveux généralement blonds arrondis en couronne, ou même deci delà, descendant en tresses jumelles au-dessous de l'étiage un brin risqué de la robe déjà nommée. Pendant des siècles encore, espérons-le, Messieurs, le corselet enjolivé et pailleté servira de blindage à... ce que *Plumette* ne veut pas que je lui dicte.

Après la Tyrolienne à deux pieds (et quels pieds ! pitié sur eux, ô Cendrillon !), un mot pour la tyrolienne à triples croches. Devant Dieu et devant les hommes, je déclare ne l'avoir rencontrée nulle part ; aussi ne m'ôtera-t-on jamais l'idée que cette variété de tyrolienne fut une invention de ce diable de Rossini qui en avait besoin pour le troisième acte de son *Guillaume Tell*. A sa place j'aurais pris un brevet.

Du temps que je conférencie à vos dépens, la locomotive

siffle le chant de son départ. Au revoir, noble et problémati-
que cité de Juliette et de Roméo !

Le train prend l'Adige à contre-fil, et coudoie Roveredo
placé sous la suzeraineté d'un bienheureux du nom de Vigile,
pas le vigile-jeûne que nous connaissons tous, au moins de
réputation, un autre, plus ancien, du cinquième siècle, si je
ne me trompe.

Après Roveredo, Trente ! Trente, illustre en cour de
Rome par son concile général de 1545. Trente, recomman-
dable en 1864, par son excellent Rosolio. Là, je faillis être la
cause inconsciente d'une sorte de conflit international.

Voici l'événement :

Entre Trente et Botzen, zone indécise, théâtre d'une lutte
sourde et opiniâtre. L'Italie veut pêcher à la ligne cette frac-
tion du Tyrol qu'elle trouve trop italienne pour l'Autriche.
François-Joseph n'entend pas de cette oreille. Conclusion :
les deux voisins se regardant en chiens de faïence, et se faisant la guerre à coups de bec, en attendant (Dieu les en
préserve !) la guerre à coups de fusil.

Or, après Trente, le wagon de deuxième classe nous em-
portait à la vitesse antédiluvienne de 4 lieues à l'heure. Son
personnel roulant comptait un Italien, un Bavarois, une dame
française et son mari.

Car, je ne vous ai pas tout dit, Messieurs. J'avais une camarade de route, une vaillante compagne de voyage. Pas n'est
besoin que je vous la présente. Vous lui avez fait l'honneur de
l'admettre dans les cadres de cette brillante section lyonnaise
de notre Club-Alpin français.

Je ne sais quelle démangeaison de parler me fit dire à ma
voisine :

« Très pittoresque le site de Trente !

— Trient! grogne le Bavarois.

— Non, Monsieur, pas Trient, ça me connaît... Trient, une
gorge assez achalandée, en bas Valais.

— Ja, Meinherr! Trient !

— Si Signor, Trento! riposte l'Italien, Trento !

— Bon! bon! ne vous emportez pas, chers Messieurs; ce

qu'à la française nous appelons Trente, vous dites, vous autres Italiens, Trento?

— Sempre, Signor!

— Vous, en Bavière, Trient?

— Ja! ja!

— Eh bien! nous sommes d'accord; n'en parlons plus! »

Trois ou quatre kilomètres au delà, vers une courbe de la voie, Madame ne peut étouffer ce cri du cœur :

« Oh! le délicieux paradis, cette vallée de l'Adige!

— Etsch! glapit le Bavarois dans son coin.

— Adige! vocalise l'Italien.

— Etsch!

— Adige!

— Mon Dieu! Messieurs, Adige ou Etsch, nous n'y regardons pas de si près, simples touristes que nous sommes. Le paysage est un enchantement; qu'importe le reste! »

Nouveau silence. Puis, avec la grâce et le sourire des jours de gala, m'adressant au sujet de Sa Majesté Victor-Emmanuel :

« Signor!

— Excellence?

— Une question, une indiscrétion peut-être...

— Niente! al vostri comandi!

— Vous connaissez Bolzano?

— Molto, Signor!

— Je vous prie, le meilleur hôtel de Bolzano?

— Botzen! Sacrament! rugit l'Allemand que nous laissons rugir à son gré.

— Voyons, nous avons l'Imperiale Corona.

— Le Kaiser-Krone! hurle de plus fort le Bavarois.

— Vous m'embêtez, vous! » C'est moi qui parle. Fort peu initié aux mystères de notre langue nationale, le descendant d'Arminius était incapable d'en apprécier les délicatesses.

La nuit tombe quand nous entrons dans la gare de Botzen. Nous saluons nos belligérants qui, nous partis, vont peut-être s'étrangler, dans la solitude de leur wagon. On charge sur l'omnibus de l'Imperiale Corona, les malles d'abord, nous après les malles, et nous sommes emportés dans la direction de la piazza Maggiore.

Beau caravansérail, ma foi, ce Kaiser-Krone! admirablement tenu! Installation princière au premier étage. Réquisition immédiate du patron. Il monte; le voici:

« Madame et Monsieur viennent d'Italie?

— Comme vous dites, Monsieur. Nous retournons en France.

— Eh! eh! ce n'est pas trop le chemin.

— Tout chemin mène à... Lyon, notre endroit. Que voulez-vous! le démon de la curiosité... Votre splendide Tyrol... Le Stelvio dont il se dit des merveilles.

— Son Excellence est alpiniste?

— En activité de service, oui. Bientôt alpiniste honoraire... Voyons, cher hôte, pouvez-vous nous avoir pour demain et les jours suivants, une calèche, une berline, un landau, n'importe quoi à quatre roues?

— Oui.

— Confortable?

— Oui.

— A toute épreuve?

— Ja!... Pardon, Excellence!

— Allez toujours!... Fermant bien?

— Aussi bien que la prison de Botzen.

— Fichtre! c'est trop.

— Deux chevaux? trois chevaux?

— Trois chevaux! Malheureux, vous avez juré ma ruine.

— Dame! Excellence! Le Stelvio, vous comprenez, avec cela les deux malles.

— Trop de malles, n'est-ce pas? (foudroyant de mon regard Madame qui baisse les yeux). Trop de malles! je l'ai toujours dit... Qu'avez-vous, mon cher hôte à taquiner votre moustache?

— Rien. J'aurai la berline, les chevaux, mais, c'est le cocher.

— Le cocher? vous n'avez pas de cocher dans tout votre Botzen?

— Si fait. J'en ai, sans en avoir. Parlez-vous allemand ?

— Je ne crois pas.

— Alors, je n'ai pas de cocher. Ce qu'il faudrait à Madame et à Monsieur, je le sais bien. Un cocher balbutiant quelques paroles de français, dans mon genre, par exemple.

— Ce serait trop beau, fait la cotouriste.

— Merci, Madame!... De ces cochers-là, je n'en ai pas.

— Diantre ! »

A mon tour de froncer le sourcil. Puis, après une minute de de réflexion :

« Au fait, mon cher patron, nous ne sommes pas ici pour uous amuser. A la guerre comme à la guerre. Votre cocher est habile ?

— Oui.

— Honnête?

— J'en réponds.

— Complaisant, sobre, actif?

— Parbleu !

— C'est dit : nous finirons par nous comprendre; amenez l'homme !

— Comme cela, Votre Excellence, m'autorise à traiter ?

— Si je vous autorise? Je le demande !

— Et à dresser le contrat?

— Hein ! le contrat ?

— Le contrat du cocher. .

— Devant notaire?

— Devant moi !

— Tiens ! tiens ! tiens ! un confrère !

— Oui, Monsieur, un bon petit contrat qui, sans que ça paraisse, sera la sauvegarde de la longue et difficile course que vous allez entreprendre.

— Rédigez, confrère, rédigez! »

Il avait raison le digne impresario du Kaiser-Krone. — A deux reprises, au Gothard et au Simplon, pour avoir négligé le contrat, je me suis vu dans la douloureuse alternative, ou de me jeter dans les bras de la justice, ou de faire du libre échange à coups de poing.

Entre nous j'aurais encore donné la préférence à messieurs les juges de paix et à leurs greffiers.

Au bout d'une heure, le lord-maire du Kaiser Krone me présentait un homme et deux papiers.

L'homme était le cocher. Tyrolien pur sang merveilleusement bâti, souriant d'aspect, inspirant la confiance et la sympathie.

Les papiers étaient les doubles du contrat, j'en garde la minute, et vous en délivre cette expédition collationnée avec toutes ses aisances et dépendances :

Contrate

Le soussigné se charge de conduire M. V... Français, de Bolzen à *Chur* (Coire, chef-lieu des Grisons), dans le temps de sept jours, en passant par le Stelvio et Bernina, et Splügen, pour le prix de 16 napoléons, et la bonne main, après que monsieur *est* content. Si le cocher arrive en six jours, *cé* le même prix. Tous les autres dépenses sont compris dans le prix, renfort, *parrières*, ex., ex., ex.

Signé : Absolument illisible (le cocher),

Signé : L. V. (le touriste),

Signé : JOHANN BUCHNER (le notaire hôtelier).

Puis, le grand sceau de l'Imperiale Corona.

Est-ce assez régulier, assez précieux de rédaction ? Dites-moi, mes chers collègues, chez nous, l'hôtel B... ou l'hôtel C... serait-il en mesure d'instrumenter aussi magistralement ?

Le lendemain, vers cinq heures, au lever du soleil illuminant les pics voisins, la berline à trois chevaux, capitonnée, bourrée de peaux de mouton, ornée de je ne sais combien de paires de sabots ferrés, stationnait devant la grille du Kaiser-Krone. — Les malles sont à leur poste. Nous serrons les deux mains du confrère ; le cocher fait exécuter à son fouet toutes sortes de ritournelles de bon augure. Les chevaux prennent leur élan ; le pavé résonne ; on va partir, on part, on est parti.

II

MÉRAN

Nous voici, humbles touristes, à demi couchés sur les deux banquettes de la berline, capote baissée, ombrelles déployées, cocher superbement campé, chevaux oreilles dressées, queues en trompette, nous voici remontant au grand trot cette poétique et merveilleuse vallée de l'Adige qui du nord passe carrément à l'ouest.

Depuis une heure à peine, l'équipage roulait en tempête dans une auréole de poussière lorsqu'un frisson me secoue et me fait lever les mains au ciel. Un oubli! Devinez ce que j'avais oublié à Botzen? Presque rien, et ce rien était presque tout, j'avais oublié le nom du cocher.

« Mais le contrat? m'allez-vous objecter, le fameux contrat?

— Palsambleu! Messieurs, je vous l'ai dit : signature radicalement illisible. J'aurais voulu vous y voir. »

Au reflet de mes traits bouleversés, la camarade de route me demanda ce qu'il y a.

« Il y a, il y a… que nous sommes des étourdis.

— Si l'on parlait au singulier!

— C'est vrai; que Madame est une étourdie! »

Je tape en plein dos sur l'automédon, lui faisant signe d'arrêter ses bêtes. Il stoppe.

« Cocher!

— Meinherr?

— Votre nom?

— Ja!

— Le nom de baptême? Le petit nom?

— Moi bas gombrendre!… tout ce que le malheureux possède du dictionnaire français.

— Que le diable t'emporte! nous ne pouvons cependant pas

t'appeler chose, machin ou turlututu. D'ici à Coire s'il ne
nous tombe pas du ciel un interprète quelconque, assermenté
ou non, nous ne sortirons jamais de leur fichu Tyrol. Allons,
cocher, en route! A la grâce de Dieu! »

En attendant, il est décrété sur la banquette du fond,
« qu'on se doutait bien de quelque maladresse, qu'on ne veut
jamais écouter, qu'on était malheureuse, mais là, très malheureuse d'avoir enchaîné ses jours aux jours d'un homme qui
n'en fait qu'à sa tête. » Et ceci, et cela.

Un quart d'heure de mercuriale à haute pression.

Que répondre? des mots, des gros mots peut-être pour about-
ir... à quoi?... à la séparation, au divorce même, le jour où
il renaîtrait dans les colonnes de l'*Officiel*. Ma foi, non ! je
prends un parti plus héroïque : ne faisant ni une ni deux, je
tourne le dos et je m'endors.

Au réveil, l'attelage entrait à toute volée dans une petite
cité mignonne, avec de petites maisons. roses, bleues, multi-
colores, noyées dans la verdure, de petits arbres frisés. Oui.
Messieurs, tout en petit, tout en miniature, hormis les montagnes prochaines qui s'élancent vers l'infini, hormis l'Adige
qui...

« Bon! encore son Adige! Le nom, Monsieur le conféren-
cier, le nom de votre éden tyrolien ?

— Méran !

— Méran? très bien, nous sommes fixés. Merci ! »

Après une courbe gracieuse décrite par ses trois chevaux,
sa berline et ses deux touristes, le cocher anonyme s'arrête au
perron de l'hôtel *Victoria*.

Inouï, Messieurs, inouï, ce que sa gracieuse Majesté britan-
nique, impératrice des Indes. commandite d'enseignes au monde
des auberges internationales éparpillées sur notre planète.

Des hôtels Victoria! ah! Seigneur que j'en ai vu! Que
d'additions ils m'ont fait contrôler! Ici prétentieux et exces-
sif sur leur plat d'argent, là, modestes et humbles sur leur
assiette en grosse faïence à fleurs invraisemblables.

Un souvenir. C'était en plein Maroc : le vapeur entrait
en rade de Tanger. Nos jumelles et nos yeux étaient impuis-

sants à se débrouiller dans ce fouillis de créneaux, de minarets, de harems et de cahutes qui, vus de la mer, se bousculent, s'enchevêtrent, se grimpent aux épaules sans souci du voisin, sans notion de l'alignement, jusqu'à la casbah que la colline porte à son front. Voici qu'une pancarte colossale se dégage du pandémonium africain, et bon gré, mal gré, nous condamne à lire en lettres blanches d'un mètre d'altitude sur fond rouge, bien autrement rouge que nature, l'inscription sacramentelle et cabalistique :

Hôtel Victoria.

Tout cela, Messieurs, pour flatter les Anglais.

Au seuil du Gasthaus de Méran, un habit noir, une cravate blanche, une serviette blanche, un toupet frisé à la mode d'hier, tout cela représente assez correctement un sommelier.

C'était un sommelier.

Il s'approche, esquisse un sourire, salue en accent circonflexe, et, d'une voix de baryton, applaudie comme ne le fut jamais le baryton de notre incomparable Faure :

« Que désire Monsieur pour le déjeuner de Madame et pour le sien ? »

En français ! mes collègues, en français du vocabulaire Littré!! A nous le cliché Dennery : sauvés, mon Dieu !

Si, un jour ou l'autre, vous passez par Méran devenu station d'été pour la cure par l'air distillé et les raisins blancs, n'oubliez pas de vous faire descendre à l'hôtel Victoria. Demandez au sommelier des côtelettes sauce piquante .. Je ne vous en dis pas davantage.

Demandez-lui même un drogman, le sommelier entre deux saluts vous répondra : voici le drogman.

Il s'agissait, vous le savez, Messieurs, d'aller à la découverte du nom sanctifié que le cocher avait dû trouver en son berceau le jour du baptême. Celui que d'après ses déclarations voulut bien nous traduire le digne fonctionnaire de Victoria-Hôtel était, par sa provenance ultra-germanique, de nature à nous faire pousser des ampoules sur la langue; on convint alors que sans augmentation du prix porté au traité de Botzen, le co-

cher, jusqu'à Coire inclusivemen, adopterait le prénom mélo-
dieux de Franz, sauf à lui à le conserver s'il lui plaisait ou à
le répudier s'il ne le trouvait pas suffisamment tyrolien.

Passé Coire, cela ne nous regardait plus.

La négociation menée à bien et consignée dans un protocole,
nous remontons en voiture.

Chaleur de tous les purgatoires, soleil éblouissant dont les
rayons planent le long des rochers chauffés à blanc, autant de
fours à réverbère, de force à cuire les trois cent mille pains de
munition quotidiennement débités par notre ministre de la
guerre, le premier boulanger de France.

Mais les côtelettes sauce piquante, ce nom de *Franz* si miraculeusement improvisé, mais les fredaines solaires, la magie
du paysage avaient transfiguré la cotouriste.

« — On n'était pas si... si...

— Si... bestiole, allez-y franchement.

— Oui, si bestiole qu'on en avait l'air. On savait voyager.
L'an prochain, il faudrait, pas de milieu, revoir l'Italie, les
Calabres, la Sicile; les années suivantes conquérir l'Espagne,
l'Algérie, etc., etc., etc. »

Bref, contrairement à la légende romaine, ayant inauguré
la journée par la roche Tarpéienne, je l'achevai glorieusement
au Capitole.

L'Angélus du soir allait sonner lorsque nous touchons à
Prad. Hélas ! les côtelettes étaient loin; aussi Méran. Plus
de sommelier polyglotte, plus de Victoria. Non, un chalet
innommé, une aubergiste vieille, une jeune et robuste Tyrolienne, rose comme furent les roses de Pæstum, la fille au
chalet.

Trop expérimentés les deux touristes pour ne pas saisir au
premier coup d'œil que diner d'abord, dormir ensuite, ce serait
à Prad le double terme d'un problème algébrique. Évidemment la syntaxe française, un mythe. Restait l'idiome des
sourds-muets et des danseuses de l'Opéra : la pantomime.
C'était toujours, faute de mieux, une ancre de miséricorde sinon de salut.

La Tyrolienne mandée, je lui exhibe en guise de marmite

mon chapeau de bataille, en manière de cuiller à pot, ma main non gantée. La bonne entre ses trente-deux dents, trente-deux perles, fait éclater un formidable : *Ja; Suppé!*

La soupe ! c'était compris.

Madame avait emmagasiné dans son arsenal quelques pelotons de laine. (Bas à tricoter aux moments perdus, la chose est claire.) Je réquisitionne deux pelotons, je fais mine de les choquer, l'un devant briser l'autre et réciproquement, de précipiter le contenu dans le fourneau de ma grande pipe de porcelaine, jouant tant bien que mal le rôle de poêle à frire ornée de son appendice, puis d'agiter, de... comment dit-on en latin de cuisine? oui, c'est cela, de *houcher*.

« Ja! Ja! » fait encore la rose purpurine de Prad, riant aux éclats, riant à fendre de haut en bas les glaces du chalet. — Rassurez-vous, le chalet n'avait pas de glaces; à peine cinquante centimètres carrés pour se coiffer ou se faire la barbe devant.

Une omelette ! c'était non moins compris.

Tellement compris qu'à son heure paraît la soupière fumante, odorante, pleine de charmes, de surprises et de tous les légumes en honneur à Prad.

L'omelette aux fines herbes vient en serre-file : sensation profonde, applaudissements prolongés !

Deux plats dont une soupe, c'était bien, mais c'était peu. L'estomac proteste. Écoutez donc, Messieurs, quand on a jeûné depuis Méran, quand on a supporté la chaleur du jour, aspiré le grand air des montagnes, subi les cahotements d'une berline à trois chevaux! Ici, duo à l'unisson :

« Si nous demandions une côtelette?

— Comme à Méran ce matin?

— Comme à Méran. »

La bonne accourt à notre appel. Je lui dessine une côtelette plan, coupe et élévation. Elle a dû comprendre, elle a compris, la rose du Prad.

« Peut-être même sera-t-elle sauce piquante.

— La rose de Prad? fait la touriste en second.

— Non ! la côtelette.

— Si on disait, les côtelettes ! »

On tressaille de convoitise ; on se pourlèche par anticipation.

Après un quart d'heure, la bonne escalade quatre à quatre les quelques marches en bois du chalet, et, souriante, solennelle, pose sur la table une...

Une omelette !!!

Tableau ! Quelle honte ! quel coup de poignard pour mon crayon ! Oui, Messieurs, une omelette seconde édition, pas aux fines herbes cette fois, non, au jambon fumé. Déjà un progrès dont nous savons gré à l'esquisse de tout à l'heure si mal interprétée. Après tout, c'était raide. Le mieux fut de rire au nez de la fillette ébahie qui n'y comprenait plus rien, d'épuiser le nouveau tirage ainsi qu'on avait épuisé le précédent, puis de s'aller reposer entre des draps blancs comme les neiges voisines, raboteux comme les tranches des glaciers à l'horizon.

Le lendemain devait être le grand jour, le jour du Stelvio ; tout au moins nous l'espérions. L'ami soleil se levait à peine du côté de Botzen que notre phaéton avait attelé ses trois coursiers, emballé ses deux malles, absorbé ses trois verres de genièvre et bouclé ses portières sur ses trois voyageurs, nous deux et un certain caniche de race tyrolienne, très pimpant d'ailleurs et très guilleret. Nous fûmes bientôt amis.

Le roquet devait être, pensions-nous, un prêt ou un don de la rose de Prad. Elle et lui, Franz, semblaient être dans les meilleurs termes. Ce que nous trouvâmes moins parlementaire, ce fut l'écho discret... Comment dire ? cet écho sournois qui se répète à l'infini dans tous les mondes connus et inconnus. Nous aurions parié pour un... Encore deux syllabes auxquelles Plumette refuse pudiquement son concours.

Que voulez-vous, le Tyrolien n'est point parfait ; non plus la Tyrolienne.

A partir de Prad, la route tourne le dos à l'Adige ; notre voie à nous se dirige à gauche, monte, monte toujours, et à l'un de ses lacets, sans transition, tout de but en blanc, nous présente un des soulèvements de rochers, de glaces et de névés les plus étonnants dont le Créateur ait donné l'usufruit aux alpinistes et aux chamois.

Devant de tels prodiges, la tête s'incline, l'âme s'épanouit, le genou fléchit jusqu'à terre.

La chaîne qui se déploie dans une majesté indicible est pour les Italiens le *Stelvio*, l'*Orteler* pour la Germanie. Pour l'imagination qui rêve, pour les yeux qui contemplent, pour nous Messieurs, pour tout ce qui pense, aime et cherche, c'est l'un des gigantesques efforts de la nature, l'un des chefs-d'œuvre indiscutables de la divinité.

Je ne suis pas fâché de placer ici le sonnet *en prose* éclos sous mon oreiller dans une nuit d'insomnie. Chacun de vous n'en prendra que ce qu'il voudra.

Le psalmiste a dit : *Cœli enarrant gloriam Deil*

Et les montagnes, s'il vous plaît ? Pensez-vous qu'elles restent silencieuses, qu'elles aussi ne célèbrent pas la gloire du Très-Haut ?

Et de la montagne descendant jusqu'à nous, mes frères, sous la jaquette à 25 francs du Club-Alpin, peu ou prou, ne sommes-nous pas des croyants, des poètes, des orphéonistes, à la suite du prophète-roi David ?

Je mettrai cela en vers une autre fois, si mon cher collègue D*** veut bien me prêter sa lyre et son dictionnaire des rimes.

Pour le moment roulons vers le Stelvio.

Il y a plus de cinquante ans, l'empereur François II d'Autriche était fort soucieux. Il y avait sujet, croyez bien.

L'aigle à deux têtes tenait dans ses serres, ici Vienne, capitale fidèle des États héréditaires de la maison d'Habsbourg, là Milan, chef-lieu turbulent et insoumis du royaume Lombard-Vénitien. Or, fréquemment il fallait y envoyer quelques régiments croates ou hongrois pour faire entendre à MM. les Milanais la raison pure d'abord, et subsidiairement, si cela ne suffisait pas, la raison à coups de canon, *ultima ratio regum*.

Et, voyez l'embarras de l'auguste empereur ! Il n'avait à son service, lui François II, que la route par Trieste et Venise, un grand scélérat de détour à n'en plus finir ; si bien que dans

les cas d'urgence extrême, lorsque le feu était à la maison, il
se trouvait, en vertu de traités dont je déplore de n'avoir ni
la date ni le texte, réduit à demander à la Confédération hel-
vétique, rarement de bonne humeur et grommelante du matin
au soir, le passage de ses troupes impériales et royales à travers le canton des Grisons, par le col du Splügen.

Un tel état de choses ne pouvait durer. L'empereur que l'i-
dée tracassait n'y tient plus. Il convoque un beau jour le prince
de Metternich et le corps de ses ingénieurs militaires. On se
courbe sur les cartes de l'état-major autrichien, on scrute les
passages, on fouille les cols. Rien ne va.

C'est alors qu'un des jeunes et fatalement des audacieux entre en scène et, d'une voix timide :

« Sire, que penserait votre Majesté du Stelvio ? »

Éclat de rire sur toute la ligne... Toute, non; l'empereur
et son chancelier ne riaient pas.

« Eh ! mais, le Stelvio ? Voyons, voyons donc !

— Mais, Sire ! font les anciens, prenons garde.

— Le Stelvio a 8,500 pieds, 2,000 au-dessus du Splügen.

— Tant mieux, Messieurs... si l'empereur d'Autriche peut
offrir à l'Europe la voie carrossable la plus voisine du ciel, ne
sera-ce pas une gloire, un titre d'honneur, sans compter le
profit ?

— Mais, Sire, les avalanches !

— Mais, Majesté, le Stelvio est une muraille !

— Nous ferons la route comme une échelle.

— Mais, Sire, nous serons en lutte acharnée avec la nature !

— C'est impraticable !

— C'est tenter Dieu !

— Impossible, Sire, impossible !

— D'accord. Mais enfin, Messieurs les ingénieurs, on peut
essayer, faire les études ! Jeune homme, vous les commence-
rez dès demain ! La séance est levée. »

Moins de trois ans après la séance levée, le col du Stelvio
était livré à la circulation. Tout y passait, piétons, voitures,
artillerie, régiments à pied et à cheval. Tout, même les

amoureux de Bormio s'en allant *flirter* avec les donzelles de Prad ou de Trafoy.

Le Milanais était furieux à l'ouest. A l'est le Tyrol se frottait les mains.

Ainsi fut proposée, discutée, décrétée par François II et construite par l'ingénieur *Donegani*, un rude pionnier, la route merveilleuse entre toutes par le col du Stelvio, où j'aurai, Messieurs, l'honneur de vous conduire, si vous daignez m'accepter pour guide et me faire un engagement.

III

LE STELVIO

La route est des plus osées, des plus hardies et des mieux disciplinées en même temps. Partout le voyageur à pied, les chevaux, le matériel roulant, sont protégés contre les culbutes et le vertige par des rocs immenses. La voie se courbe et se recourbe à l'infini, toujours soutenue par des murailles, toujours en lutte contre de nouveaux escarpements. On dirait une légion de serpents cousus à la queue l'un de l'autre.

Dans le fond se voit la plus splendide collection de granit et de gneiss que puisse rêver le géologue. Et quelles armures de glace, quels blancs manteaux de neige !

Le touriste ferme les yeux pour ne pas voir à une profondeur incalculable la chapelle des *Trois-Fontaines* blanche et rose au-dessous des abîmes de l'Orteler.

Cet Orteler s'élance à 4,300 mètres. L'une des pyramides est si gracieuse dans sa majesté, si brillante aussi, qu'on la croirait polie de la main d'un lapidaire de l'autre monde. Les Italiens l'ont baptisée *Monte Cristallo*. Toujours artistes nos amis et voisins d'Italie !

Sur les deux revers du col, plus de 6 kilomètres de galeries couvertes où il n'est entré que du bois, des crosses et des bou-

lons en fer. Une fois sous l'abri de ces galeries, le passant peut
dire pis que pendre des avalanches qui font rage partout ; sans
chercher midi à quatorze heures, l'ingénieur Donezani s'y est
pris d'une simple et intelligente façon.

Les galeries à jour couvrent la moitié de la voie, sans
plus. La première avalanche venant d'en haut, glisse sur la
toiture inclinée, s'arrête à l'autre moitié découverte qui est
plane, se croise les bras et attend les autres... les autres avalanches.

Elles ne tardent pas. Elles plongent sur la première et attendent à leur tour. De ces plongeons successifs résulte un talus
imperméable se solidifiant à la gelée de ce soir, et qui durera
jusqu'au mois de mai de l'année prochaine. La voie à ciel ou-
vert est interceptée, mais le couloir est libre.

Plumette me charge de rappeler à nos auditeurs que Töp-
ffer, notre maître à tous, a consacré au Stelvio quatre char-
mantes pages et tout autant d'illustrations très exactes.

Malheureusement la route s'en va — s'en allait du moins en
1864. Voici comment :

Dans la guerre de 1861, qui a disloqué la Lombardie de
l'Autriche, le gouvernement impérial avait négligé de faire
sur sa route du Tyrol les réparations locatives d'usage, tant il
avait frayeur de Garibaldi, de ses bandes et de ses œuvres. Il
s'était contenté de mettre dans sa poche la clef de certain fort
qui, entre Prad où il pousse tant d'omelettes, et Trafoy où
nous allons voir ce qui pousse, enjambe un étroit défilé qu'il
barricade avec un luxe de pierres de taille à faire pâmer d'aise
mon ami André B..... et tous les architectes de notre section.

La porte une fois close, la route n'était rien, la clef était
tout.

Donc en 1864, plus de maisons de refuge; si peu de cantonniers que cela ne valait pas la peine. Les galeries criaient
misère, on leur aurait jeté deux sous comme à des mendiantes:
cela faisait pitié.

Plus la route gagne en altitude, plus les pics, les champs de
glace, les cascades se mettent à notre portée. Ce fut dans
les parages voisins que se joua le drame conjugal dont la

presse européenne fit des comptes rendus *ondoyants et divers*... Cet Anglo-Français, sa jeune femme, unis depuis six mois à peine; elle, blonde et svelte, roulant en avalanche au fond d'un précipice de je ne sais combien de pieds métriques — le nombre de pieds n'y fait rien, — la mort au bout. Accident d'après les uns... lui, au dire des autres, ayant eu la velléité de supprimer Milady, et, par un procédé risqué, ayant réussi le dénoûment.

La Cour suprême du Tyrol fut saisie; condamnation du dramaturge à la prison perpétuelle *in carcere duro ;* ce qui prouve, Messieurs, que si quelqu'un d'entre nous veut se séparer de Madame, ce n'est pas au Stelvio qu'il la faut mener.

Ce qui prouve encore la vérité de cette maxime cueillie pas plus tard que ce mois de février, sur les lèvres d'un électeur de mon village, parlant à ma personne à propos d'un autre délit :

« Voyez-vous, Monsieur, tôt ou tard le crime trouve sa *récompense.*

— Son châtiment, voulez-vous dire, père X... ?

— Oui, Monsieur, sa récompense! »

J'ai tiré l'échelle et me suis incliné.

La berline qui marche au petit pas dans son respect obligatoire de la pente, laisse à droite *Stilfs*, chef-lieu de la vallée. Avec ses jardins, ses maisonnettes accrochées verticalement, celles ci au-dessus de celles-là, Stilfs est, dirait-on, une bourgade peinte sur toile et vue à distance, une tapisserie des Gobelins clouée à la roche.

C'est une lieue plus loin, après avoir traversé le fortin dont l'empereur François-Joseph avait si bien caché la clef lors de sa querelle avec l'Italie et avec nous aussi, parbleu! que se présente humble et délabré, le triste hameau de *Trafoy* posé à 1548 mètres.

Prad et son chalet étaient une réduction des champs Élysées, ceux chantés par Virgile, à côté de Trafoy et du Gasthaus borgne à souhait qui nous reçut dans son sein. L'impresario était chasseur de chamois, sa femme présidait au fourneau — une sinécure. Leur fille, gracieuse enfant, mi-

gnonne, proprette, vive, légère comme l'oiseau, Tyrolienne en
miniature, allait, venait, voltigeait, souriait, faisait le diable à
quatre pour se rendre utile aux alpinistes égarés dans les la-
byrinthes du Stelvio.

Signe particulier : la petite s'appelait Katina.

Il sonnait huit heures du matin. La cloche de huit heures
est à Trafoy la cloche du déjeuner. Si dès l'aube on a respiré
l'air pur, tonique et apéritif des Alpes, c'est la cloche de la
fringale, du radeau de la *Méduse*.

Prévoyant que Trafoy ne nous offrirait pas de membre de
l'Institut pour nous traduire l'idiome de Gœthe et de Schiller,
nous avions, Madame et moi, tramé à nous deux l'horrible
complot que voici :

Pour ne pas retomber dans l'océan d'omelettes de la veille,
Madame devait se faire ouvrir, au besoin ouvrir d'autorité la
porte de l'office et passer la revue des vivres disponibles.

Sachez-le, Messieurs, même dans un buffet vide, on finit
toujours par découvrir quelque chose, du beurre, des œufs,
du jambon, un manche de gigot présentable encore. Bref,
nous déjeunâmes passablement.

Je recommande la méthode à nos amis. Elle nous a réussi
nombre de fois, entre autres un jour de 1866, au défilé d'*El-
Kantara*, entre Batna et Biskra, sur la limite du Sahara
algérien, où, sans elle, nous serions littéralement morts de
faim nous deux et cinq ou six autres pauvres diables d'explo-
rateurs que nous étions.

Dans la salle commune, nous faisant vis-à-vis, déjeu-
nait un monsieur entre deux ou trois âges, tout de noir vê-
tu, botté, éperonné, mine colorée et ouverte, gai tout plein,
parlant l'allemand mieux que vous et moi, l'italien assez
couramment, le français à dose homéopathique. Nous pou-
vions nous comprendre : vrai miracle du Ciel et de l'Esprit-
Saint !

Ce particulier était le docteur de Stilfs. Entendant les deux
touristes parler de passer le Stelvio, de décamper à dix heures
précises, de franchir le col vers deux heures, de descendre
à Bormio avant nuit close, il se lève, salue, demande la pa-

role et, très courtoisement, nous fait observer que le passage est impraticable, que les neiges l'encombrent, qu'il y aurait témérité, folie, etc., etc.

Le grand glacier du monte Cristallo me serait tombé sur les épaules que je n'aurais pas été autrement aplati. Désespérante la nouvelle du docteur ! Eh quoi ! tant de peine ! tant de mines d'or gaspillées en pure perte ! trouver le naufrage au port du Stelvio ! sur quel récif se réfugier, nous, le cocher, la berline, les malles, le chien ?

Redescendre à Prad, de Prad à Méran, de Méran à je ne sais où... C'était la déroute, c'était le suicide à trois chevaux ; Madame me regardait, je regardais le docteur, anéanti, défaillant, prêt à lui demander une ordonnance.

Je prends mon courage à deux mains, et, rompant le silence funèbre :

« Voyons, voyons, soyons calmes et résignés ; attendons jusqu'à demain. Allons visiter les monuments de Trafoy... Docteur ?

— Monsieur ?

— Qu'avez-vous en monuments ?

— L'église...

— Va pour l'église ! »

Sainte et misérable chapelle, perdue dans les déserts du Stelvio, grande à peine comme un oratoire, carrée, blanchie à la chaux, autel en bois, christ et chandeliers de même métal. Au-dessus du portail orgue de poche ; au centre, lutrin vermoulu ; sur le lutrin in-folio moisi, lacéré, en loques. Devant le lutrin un homme, un tout jeune homme, agenouillé, priant — le curé.

Oh ! Messieurs, la douce et mélancolique figure d'évangéliste, d'ange Gabriel en soutane rapiécée !

Le bon curé nous fait les honneurs de sa cathédrale, puis nous accompagne jusque dans les murs du palais de Katina. Le docteur s'y trouvait encore, soldat sous les armes, sentinelle aux aguets, attendant le signal, le cri d'alarme d'une chaumière voisine, pour... pour ajouter une unité à la liste des fidèles sujets de Sa Majesté l'empereur et roi.

« Bah !

— Oui, Messieurs, vous avez deviné. »

Il était midi. A quoi tuer le temps ?

« Docteur, si nous fumions une pipe?

— Avec plaisir... Qu'en dites-vous, mon cher Curé? »

Le curé ne dit rien. Le calumet monumental qu'il exhume des profondeurs de sa soutane répond pour lui.

Les pipes fumées et arrosées, que faire, mon Dieu! que faire ?

« *Ego breviarium recitare*! fait le curé avec lequel je corresponds en latin.

— Moi... c'est Madame qui parle, je vais me reposer, essayer un bout de sieste.

— Moi, un tour de promenade.

— Où?

— Du côté du col, parbleu !

— Sera-ce long?

— Le temps de *griller* un cigare.

— Une heure de permission, pas cinq minutes de plus.

— C'est dit, je le jure. Monsieur le Curé, Docteur! à bientôt !

— N'allez pas vous perdre !

— Quelle idée ! La route est assez large. Mon parapluie... Bien ! Bonsoir ! »

Vous allez, Messieurs, comprendre, si ce n'est déjà fait, ce qu'a de tyrannique et d'irrésistible l'ivresse de la montagne. A quelques centaines de mètres du village, la chaussée formait un promontoire. Je le double et, presque à la limite des sapins, je me trouve soudainement transporté dans un monde inconnu. A ma droite les escarpements sillonnés d'avalanches, sur ma gauche, la chaîne entière de l'Orteler, ses dômes, ses crêtes déchiquetées, ses pyramides, ses champs de glace, ses névés au mirage étincelant. En face, tout au fond, dans un repaire sinistre, les galeries; plus haut, le col du Stelvio, le col m'attirant à lui par une étrange fascination. Que vous dire? le vertige renversé, le vertige montant de l'abîme au sommet, au lieu d'entraîner du sommet au précipice.

Sur la route personne, moi seul et mon parapluie. Satan me tentait :

« Viens, viens !

— Non... pas plus loin .. Ce serait manquer à ma parole... J'ai juré...

— Un serment ? Nigaud ! » Et Satan ricanait comme dans *Faust* Méphistophélès, une de ses incarnations.

« Allons !... jusqu'à la première galerie... pas un pouce au delà, je le jure encore ».

Encore un serment de touriste, mes chers collègues ! Après le premier lacet j'écorne le second ; du second je saute au troisième ; si bien que de galeries en galeries, de parjures en parjures, je me vois sans y songer, au beau milieu du col, ivre de solitude et d'enthousiasme, ébloui par la resplendissante nature que le soleil semble animer et faire plus belle encore pour moi, sans partage, à 2797 mètres.

Le revers italien criblé de plaques neigeuses s'ouvrait béant à mes pieds. Sur ce versant une grande et massive hôtellerie *Santa Maria*, distante d'une lieue environ. Un détail ayant son importance : sur le col même, une maison de poste regardant un corps de garde, deux édifices publics ayant mis la clef sous la porte pour les raisons politiques et militaires signalées plus haut.

Ah ! saprelotte ! c'est du col qu'il fallait voir l'*Orteler Spitz* ! Comme le gaillard s'était fait beau, luisant, colossal, inabordable ! Comme il semblait d'avance prendre en pitié l'Alpine-Club anglais, notre père, et ses fils nés ou à naître !

C'est que l'Orteler était l'une des sommités, déjà clairsemées, jalouses de leur couronne de fleurs d'oranger et de leur diplôme de *Jungfrau*.

S'il en faut croire la chronique scandaleuse, le diplôme aurait été égaré. Il serait présentement une non-valeur. Et, ce qu'il y a de plus sérieux, au nombre des coupables se trouverait l'un de nos éminents collègues, M. C... R..., section de Paris. Je le dénonce à la postérité.

Trop peu préméditée mon ascension pour avoir pu songer aux munitions réglementaires, la gourde et la croûte de pain.

Rien, rien, sinon le parapluie, les cigares, les jumelles et la montre.

« La montre que dit-elle ? quatre heures quinze ! Ah! Seigneur ! que me voici dans de beaux draps! Vite examinons, étudions. Les couloirs ne sont pas troplézardés, la neige tapisse encore la voie. Il y aura de mauvais pas, des scènes de patinage.Qu'importe, si nous partons de très grand matin, avant la fonte et les avalanches, la berline passera, nous passerons tous bêtes et gens. Oui, par les cornes du diable de tantôt! dans ces brigands de cols alpestres se trouvent toujours une ou deux paires de roues pour frayer la voie. Ces roues seront celles de Franz; nous serons des précurseurs. A moi les jambes des grands jours ! »

Deux petites heures me suffisent pour être en vue du.cap qui, vous l'avez entendu, Messieurs, m'avait si bien ensorcelé.

Ce pas redoublé, que vois-je au bout de ma lunette ? Un groupe gesticulant, s'agitant, télégraphiant, Madame en tête, le curé, le docteur, Franz, Katina, le chasseur de chamois, la majorité absolue de Trafoy, la moitié plus un.

« C'est toi ?

— C'est vous ?

— *Te... te ipse, Domine?*

— *Me... me ipse,Reverendissime Parocchio.*

— Vous, bien vous ?

— Moi-même... Pourquoi pas?

— S'il y a l'ombre de raison! Me laisser seule, inquiète, dans des transes! »

Je fais signe aux auditeurs émus de laisser faire la débâcle; alors, reprenant la parole :

« Et l'on va bien ici, docteur?

— Pas mal... Et vous?

— Bien sensible... Et votre jeune homme ? Celui que vous attendiez, ce Tyrolien ?

— Est une Tyrolienne.

— Pas possible !

— Comme j'ai l'honneur de vous le dire... A propos, d'où diantre venez-vous ?

— Curieux ! Du col tout uniment.

— Du col ! font à l'unisson la cotouriste et le docteur.

— Du col ! *Bone Deus* ! ajoute le curé. »

Chœur de Trafoyens : Du col !!

« Tout seul, comme cela ? reprend le bon docteur, sans guide, sans boire ni manger ?

— Et le déjeuner de ce matin !

— Madame vous croyait... perdu. Nous avions beau la rassurer, à peine l'étions-nous pour notre compte.

— Et sur le mien... pas vrai, docteur ?

— Dame ! écoutez donc... notre curé parlait de réciter le rosaire, de commencer une neuvaine.

— Merci, Monsieur le Curé, merci !

— Nous allions envoyer à votre découverte.

— Comme pour Franklin, pour Lapeyrouse...

— Lapeyrouse ?... ne connaissons pas.

— Ça ne fait rien... Savez-vous, gens de Trafoy, que votre route est pitoyable. Pas d'entretien, disette absolue de cantonniers.

— Peuh ! pour les voyageurs qui passent !

— Le fait est que je n'ai pas salué une marmotte d'ici au col.

— Au col ! bah ! il y tient.

— Comment, si j'y tiens ?

— Blagueur !

— Docteur ! docteur ! Ah ! vous le prenez de ce ton ? Vous me dites des injures ? et, pour comble, dans ma langue maternelle ? Tenez, j'invoque le témoignage de monsieur le curé ; qu'il soit juge entre vous et moi !

— *Cedant arma togæ.*

— *Dixisti*, mon cher curé... Quant à vous, docteur, voulez-vous que je fasse voir ce que j'ai trouvé au col ?

— Allez, allez toujours !

— Attention... Silence partout ! »

Je tire gravement de sa gaine mon portefeuille de voyage, un vieux cuir de Russie alpiniste comme son maître ; je taille méthodiquement mon crayon anglais, puis, sous les regards du

peuple de Trafoy, tout en chantonnant par désinvolture, je me
mets à dessiner de mémoire le corps de garde et la maison de
poste, invisibles de partout, sinon de l'étroite et sinueuse brèche
qui est le col même du Stelvio.

Pauvre et bon docteur ! Il n'y avait plus à ergoter. Les
spectateurs poussent des hourras, Madame prend mes deux mains
dans les siennes. Il est question d'aller dans la forêt voisine
couper quatre branches de mélèze pour les mettre en croix, moi
dessus, et de m'emporter comme un triomphateur romain.

Je mets fin à la tentative en criant de ma plus grosse voix :

« Si nous allions dîner ! Moi d'abord je meurs de faim...
Docteur, vous êtes des nôtres ?

— Mais...

— Votre châtiment, disciple de saint Thomas !... Monsieur
le curé nous fera l'honneur...

— *Agimus tibi gratias.*

— *Optime* ! *Optime* ! Franz ! Où est Franz ? Franz ! vous en
êtes... Katina ! faites-moi le plaisir de dire à votre père qu'il en
est... Traduisez, docteur ! traduisez ! »

A table je contai par le menu mon ascension si heureuse-
ment improvisée. Je fis comprendre à mes convives que la berline devait passer, qu'elle passerait, que pour l'honneur et le
succès de la caravane, il fallait peu de chose, presque rien :
décamper à trois heures du matin, avant le soleil, se faire
escorter par quatre ou cinq gaillards munis de cordes, armés de
pics, de pelles et de tout ce qu'il faut pour piocher et déblayer.
D'emblée le chasseur de chamois est nommé brigadier. Il se
charge du recrutement des quatre hommes.

Le repas fut d'une gaieté rabelaisienne. Au dessert le docteur
et Franz avaient arboré leur petite *cocarde*. Le chasseur de
chamois, un spécialiste, était allé, lui, jusqu'au *plumet*.

Tandis que la petite Katina, voletant, tourbillonnant ainsi
qu'une alouette, jetait à toutes les brises de la montagne les
enchantements de son sourire et les perles de sa voix.

Ah ! ce fut un fier dîner, croyez bien !

Les traités de géographie assignent à Trafoy quelque chose
comme cent cinquante habitants de sexe varié, mais presque

unanimement d'un blond roux. Hélas! qui fera la statistique de certaines populations sédentaires ou nomades accourues de plusieurs lieues peut-être, avides, altérées, soucieuses de prélever un impôt draconien sur l'épiderme de nobles étrangers qui passent sous leur juridiction? Cet impôt fut largement payé, principal et centimes additionnels.

Le lendemain avant l'aurore aux doigts gantés de rose, un concerto de voix et de ferrailles nous arrache violemment au sommeil. Voix et ferrailles appartenaient à nos pionniers sous la dictature du chasseur de chamois Les malles sont arrimées, sanglées à l'aide de cordages supplémentaires. L'inspection de la berline se fait, en âme et conscience, à la lueur du crépuscule, doublée d'une lanterne d'écurie. Les sabots sont parés comme des ancres prêtes à mordre au premier choc. L'horlogerie fêlée de Trafoy sonne trois heures.

C'était le signal du départ et du café noir au kirschenwasser, viatique journalier du chrétien des Alpes. Nulle puissance ne le fera sortir de son chalet avant le café. Il oubliera quelquefois la prière du matin, le café jamais.

C'était aussi le signal des adieux; la série avait commencé dès la veille pour nos deux amis, le curé et le docteur. Katina se jette dans les bras de Madame.

Que peut murmurer le chasseur de chamois à l'oreille de sa fillette? Je ne comprends pas. Ah! deux paupières s'abaissent, deux joues se colorent, un front s'incline : j'ai compris... Merci, père !

La caravane s'ébranle escortée par ses cinq gendarmes, arme sur l'épaule droite, nous les touristes, Franz, le chien.

Seulement c'était un autre, le roquet d'hier était rentré dans la coulisse. Le chien du jour descendait en ligne directe du terrier que le patriarche Noé fit entrer comme passager dans l'arche du déluge universel. Tout ceci cache un mystère. Bon à mettre en réserve pour être élucidé plus tard !

Je ne ferai pas l'apologie du soleil saluant comme de juste le monte Cristallo sublime de grandeur, croyez-moi. La compagne de voyage se sent impressionnée ; j'avais beau dire que sur le chapitre des impressions il y aurait mieux là-

haut, c'était comme si j'eusse chanté au lutrin de la basilique
de Trafoy.

Au premier lacet, le brigadier chasseur rend un oracle qui
nous met tous à pied. Au fait, la berline pouvait basculer, se
briser quelque membre. Dès le début cela ne va pas trop mal,
mais à mesure qu'on s'élève, les obstacles grandissent. L'es-
couade pique. pioche et déblaye. Fichtre! il ne fait pas chaud.
Les gourdes circulent à la ronde, bipèdes et quadrupèdes font
des prodiges de gymnastique. A certaines galeries que la neige
rend suspectes, Madame est transportée sur les bras des hercules de la troupe. La voiture est allégée, poussée, roulée,
étayée, animée à coups d'épaules. On crie, on tempête, on jure
en trois langues, même en français. Les chevaux hennissent et
fument comme trois vésuves. Assis sur son derrière dans la
neige, le chien, spectateur impartial, grelotte.

Après trois heures de travail et d'obstination, de courage et
d'adresse. l'équipage aborde la plus haute galerie. Un dernier
coup de pic et de fouet... Hardi! Hipp! Hourra! Ça y est! Le
monstre est dompté. Nous sommes les *Bidel* du Stelvio,
exercice 1864.

Madame ne peut retenir un cri de joie, c'est presque de l'ex-
tase, devant le merveilleux Ortcler, sa cour et ses grands digni -
taires. Ils semblent nous dire : « Voyez! nous avons des émules,
oui, des maitres, non. »

Pour moi, je ne leur en connais pas.

A quelques centaines de mètres au-dessous du col, le versant italien laisse voir au premier plan un vaste logis massif,
trapu, bâti comme une forteresse. Plumette en a dit quelques
mots hier. C'est la douane, plus l'hospice-auberge sous l'invo-
cation de *Santa Maria*. Nos cinq Tyroliens faisaient mine de
vouloir rentrer dans leurs foyers. J'eus quelque peine à leur
faire comprendre que les touristes étaient gelés, qu'il y avait
de grands névés à traverser avant de toucher au seuil de l'hos -
pice, que nous désirions fort descendre à pied sous l'égide du
chasseur de chamois, que si Katina vient à savoir et elle le
saura, que son père nous a plantés là, entre la maison de poste
et le corps de garde, Katina sera furieuse, que, plus civilisé,

le chien a déjà pris les devants, et qu'à Santa-Maria même, il
y aurait déjeuner général offert à tout le détachement.

Que ne peuvent de bonnes raisons avec rafraîchissements à
l'appui? Sans dire mot, quatre des Tyroliens chaussent les
sabots aux roues du véhicule. Franz, réinstallé sur son siège,
est chargé de présider aux apprêts du festin : « Bon voyage,
mes enfants ; à tout à l'heure!...

— Ja ! »

Les touristes saluent d'un dernier regard le prestigieux panorama qu'ils ne reverront plus. Deux larmes glissent sous
leurs paupières. Ah, Messieurs ! si vous les aviez pu voir, ces
deux larmes, vous les auriez trouvées réfléchissant comme
sur un double miroir les splendeurs et les magies du monte
Cristallo.

Par un violent effort, on s'arrache aux Alpes du Tyrol, au
Tyrol lui-même. Une heure après la brèche du passage, tantôt
marchant sur leurs deux pieds, tantôt glissant sur les neiges à
l'aide du bâton ferré, à l'aide aussi du chasseur du chamois,
les deux aventuriers font leur entrée à Santa-Maria.

Je vous ferai grâce du menu de l'hospice. A 2,500 mètres on
ne saurait exiger comme plats du jour, ni perdreaux truffés
ni queues d'écrevisses Nantua. Nous eûmes juste de quoi im-
poser silence à l'appétit de nos guides, aux nôtres par sur-
croît.

Au milieu du lunch, quelque chose comme un roulement de
tonnerre. A la servante de l'hospice :

« Qu'è? ragazza? tuono? valanga ?

— Non già, Signor ! calessino !

— Un cabriolet? voyons ça! vrai, ma foi! un cabriolet en ces
lieux? qui se permet de nous déranger en cabriolet? Y-a-t-il
une station? »

Écoutez la légende du cabriolet :

Parallèlement à la Valteline où nous sommes entrés tout à
l'heure, s'ouvre l'Engadine, la reine des vallées grisonnnes où
nous serons après-demain si Plumette n'est pas trop dans ses
jours de *far niente*.

Or, du *Munster-Thal* en Engadine à Santa-Maria, la Suisse

et l'Italie confédérées ont tracé une route aussi mauvaise que peu fréquentée, et c'est précisément du Munster-Thal que débouchait à grand orchestre le cabriolet que j'avais pris pour le tonnerre, l'avalanche. Qu'ils me pardonnent, il n'y avait pas eu préméditation.

On procède au déballage du cabriolet. Personnel : un Américain dans la force de l'âge, une jeune miss blonde comme les épis, un grand garçon bâti en Hercule Farnèse du nouveau monde. Évidemment une famille de Yankees ayant fait fortune à Cincinnati dans le pétrole ou à Chicago dans le lard fumé.

A l'altitude de 7,000 pieds, la France et les États-Unis vivent généralement en bonne intelligence. On se salue, on se serre la main, pas toujours, quelquefois. Les questions s'échangent avec courtoisie.

Au niveau de la mer, dame ! c'est peut-être autre chose. Que voulez-vous, les douanes sont féroces.

« Et ces messieurs, miss, viennent?...

— De l'Engadine par Munster. Vous-même, Mistress, Monsieur?

— Nous deux, Madame et moi? de Trafoy en Tyrol.

— Par le Stelvio?

— Par le Stelvio ! »

Je crus mon Américain frappé d'apoplexie foudroyante. Nos transatlantiques, eux aussi, venaient ouvrir le Stelvio comme on ouvre la chasse. Et voici qu'en stoppant devant le portail de Santa-Maria, la première chose sautant aux yeux du cabriolet, était une berline, la berline des Français. Programme absolument raté !

Je consolai de mon mieux la tribu américaine ; nous prîmes une vive part à sa douleur. On finit par comprendre qu'à défaut du premier grand prix, le second n'était pas moins une fiche de consolation très honorable.

Je fis plus encore. Je négociai à mon citoyen des États-Unis le chasseur de chamois et son peloton, créant de la sorte à ces braves gens une haute paye sur laquelle ils ne comptaient guère et qui leur tombait du ciel.

Adieux généraux, puis nous nous séparons avec rendez-vous dans l'éternité. Le cabriolet et son escorte montent au col; la berline file au grand trot vers l'Italie, se livrant aux hasards et aux zigzags de la route mieux soignée que sur les pentes du Tyrol.

IV

BORMIO

Plus de terrier! Le terrier s'était attaché à la fortune du cabriolet. Pour suppléant, un tambour-major de chien, race du Saint-Bernard, hirsute, aboyant à pleins poumons, gambadant, trop fier pour siéger aux côtés du cocher, faisant en piéton le trajet de Santa-Maria, laissée derrière, à Bormio où nous attendent les délices de Capoue!

L'oratoire solitaire de Santa-Maria, le hameau de *Spada-Longa* qui lui fait suite sont encore au milieu des neiges. Enfin reparaissent les rocs à découvert, les zones graduées de la végétation. Ce sont les mêmes gouffres qu'au versant tyrolien, les mêmes tours de force avec cette variante que les courbes ont un plus grand rayon.

Spada-Longa ne sait que faire d'un tas de cascades au majestueux fracas qui doivent nuire particulièrement au sommeil des indigènes, la plupart cantonniers sur la route. De distance en distance des embrasures comme pour des bouches de canon, ce sont de nouvelles galeries à traverser, creusées dans le roc, toujours plus sombres et plus imposantes.

La source de l'Adda (*fonte d'Adda*) est au troisième tunnel. L'aspect a du charme, la verdure qui prend le parti de renaître, la Valteline qui s'ouvre, indemnisent les touristes et leur font oublier les misères de la veille et de la matinée.

L'équipage roulait comme par enchantement au petit galop de ses quatre bêtes, grand chien compris, galop tempéré d'ailleurs par les sabots ferrés se livrant au bacchanal le plus sata-

nique. Tout à coup, nous sommes en face d'un décor d'opéra-
féerie. Gorge profonde, tailladée, ébranlée par les secousses de
l'Adda tourbillonnante et affolée. Un pont à donner la chair de
poule, une courbe, un bambin de tunnel, le soleil qui plonge
en pleins nuages d'or et d'opale et darde son rayon d'adieu.
Pour final un faisceau de constructions modernes campées té-
mérairement au bord du précipice... Halte !

Les nouveaux bains de *Bormio* (*Worms* pour ne pas désobli-
ger les Allemands), altitude 1303 mètres.

La berline est entourée. Directeur, médecin, sommeliers,
filles de chambre, marmitons, font cercle ; jusqu'aux baigneurs
qui s'en mêlent.

Ils étaient trois, deux dames, un vieux et vénérable prêtre
du Milanais.

« Madame, Monsieur, j'ai bien l'honneur, fait le directeur
saluant.

— Bonjour, Monsieur... A qui ai-je l'avantage de parler ?

— Au gérant des bains de Bormio.

— Enchanté ! Pouvez-vous nous donner asile à Madame et
à moi ?

— Comment donc ! Et Leurs Excellences viennent ?...

— Du Stelvio...

— Par Trafoy ?

— Par Trafoy...

— Par le col ?

— Dame ! Franz est là pour le dire... s'il y a moyen de vous
entendre ensemble.

— Bravi ! brava ! bravissimo !

— Bravo ! tant que vous voudrez, mes enfants ! mais...

— Le nom de Votre Excellence ? — ajoute le gérant qui
m'interrompt pour tirer de sa poche calepin et crayon, et qui
se met en devoir de griffonner.

— Mon nom ? Je comprends... pour la police. L. V.—Voilà !

— Français ?

— Depuis les croisades... Dites donc, mon cher gérant,
sans nuire à vos autographes, n'y a-t-il pas moyen de nous
faire donner trois choses ?

— Urgentes ?

— Essentielles ?... Deux bains... Vous avez des eaux thermales ?

— Sulfureuses, sodiques, iodiques, ferrugineuses...

— Bonté du ciel ! Nous n'en demandons pas tant... Ensuite
à dîner...

— Les couverts de Madame et de Monsieur seront mis à
notre table d'hôte.

— Dans une heure, n'est-ce pas ?

— A l'heure de l'établissement.

— Nous désirons enfin un logis au premier étage et vos
meilleurs lits. Ce gueux de Stelvio nous a roués vifs.

— A voir Leurs Excellences, on ne le dirait pas.

— Vil flatteur ! »

Le crayon du gérant manœuvrait toujours. A la fin, pliant
en quatre le feuillet qu'il vient d'arracher à son calepin, et
d'une voix à rendre jalouse la trompette du jugement dernier,
il appelle un galopin de quinze ans rôdant par là.

—*Piccolo ! questa lettera à la sua destinazione ! Presto !
Andiamo ! Prestissimo !*

Le dîner fut à souhait. Entre le premier et le second service je priai le directeur de nous résoudre le problème des trois
chiens, le roquet, le terrier et le Saint-Bernard, n'ayant pu en
venir à bout avec Franz, notre cocher illettré.

Très simple, la solution. Avant la revendication du Milanais,
le passage du Stelvio se desservait par la poste. Supprimée
après la conquête de 1861, la poste vendit ses chevaux et mit
ses postillons à pied. Malgré tout, les chiens attachés à leur
personne avaient continué le service. Dès qu'une voiture présentable était en vue, ils fournissaient leur petit relais comme
devant.

Démonstration pratique de l'aphorisme trouvé par un mora-
liste contemporain, Charlet, le peintre populaire, que ce qu'il
y a de mieux dans l'homme c'est le chien.

Les lits furent à la hauteur de leur mission. Prad et Trafoy
nous avaient rendus implacables. Nous n'avons jamais dormi
de la sorte, ni les poings mieux fermés.

L'étape suivante était modérée. Rien ne nous pressait de partir. Nous avions pour jusqu'à 11 h. de paresse sur la planche.

Au salon j'ouvre un journal humide encore des étreintes de la presse. En tête je lis ce premier-Bormio, dont voici la version :

« Un gentilhomme !!! français, signor L. V., et sa gracieuse femme, sont descendus hier aux bains de Bormio, venant de Bolzano par le col du Stelvio qu'ils ont franchi avec une intrépidité digne des plus grands éloges. Nous nous faisons un devoir d'informer nos nombreux lecteurs d'un fait sur l'importance et l'actualité duquel nous n'avons pas à insister. »

Au déjeuner, nous félicitons le directeur sur son talent de publiciste. La serviette pliée, nous partons.

A moins d'une heure des bains se groupe la cité de Bormio non moins maussade que biscornue. On s'y croit au niveau du luxe et de la civilisation parce qu'on possède un journal et deux barbiers.

Deux, c'était trop. Pour un... ah! Seigneur! qu'on avait hâte! Songez donc, Messieurs, une barbe vénitienne! une barbe de la Piazetta! cinq jours de végétation!

Je fais arrêter, à la porte de Figaro. Les clients commentent l'article du *Stelvio*. Ici on affirme, là on nie. Controverse partout. — L'aspect du nouveau venu, la barbe, le langage trahissent son incognito. Il est bien le gentilhomme français. Impossible de discuter son identité.

Évidemment une ovation se complote. J'ai beau protester, presser, jurer, autant parler japonais ou patagon.

« Un coup de fer à la coiffure de Son Excellence ?

— Allez au diable ! »

Je remonte dans la berline où Madame s'impatiente.

« Insupportable à la fin, d'être dévisagés ainsi que des bêtes de l'Apocalypse !

— Allons, chère amie, moins de nerfs! Subissons l'indiscrète curiosité de pauvres gens perdus au fond de leur impasse. Pour eux le Stelvio accessible, c'est l'espoir de la saison d'été, le bois, le pain de l'hiver, c'est le morceau de sucre pour le café, la petite bague d'or promise à la fiancée ; c'est la joie, le sang et la vie... Voilà pourquoi nous aurons eu notre heure de célébrité, pourquoi nous serons jusqu'au soir les héros du matin. Et maintenant, Franz, mon ami, au galop ! »

De l'Orteler à Bormio, nous avons vu, Messieurs, ce qui se passe. De sublimes horreurs, la nature dans ses violences et ses emportements. Là pourtant est le berceau de la Valteline et de l'Adda, qui après avoir vécu ses dix-huit premières lieues s'en va mourir provisoirement au lac de Côme. On ne saurait se creuser un plus splendide, un plus riant tombeau.

La Valteline est italienne. Même soleil, mêmes mœurs, poussière conforme. La vigne, les figuiers, les plantes tropicales s'y trouvent à l'aise ; sans compter, en 1625, certain gamin d'astuce plus que de génie, qui s'y trouvant, lui, trop à l'étroit, se fit successivement cardinal, ministre, demi-roi de France *(sous réserves :* les historiens ne sont pas en accord parfait sur le lieu d'origine de Mazarin).

Vers le milieu environ de la Valteline, à *Tirano*, la berline tourne à droite. Elle s'engage dans un vallon latéral coquet à faire plaisir, arrosé par le *Poschiavino* dont le père nourricier est le lac de *Poschiavo*. — Nous y serons tout à l'heure. Aux premières maisons d'un village nommé *Brusio* coup de chapeau à l'Italie pour prendre congé, simple congé de quarante-huit heures Cent pas plus loin levée de chapeau à la Suisse représentée par sa douane, la plus tolérante, la moins marâtre des douanes antiques et modernes.

La frontière à peine franchie, nous découvrons à travers les arbres formant avenue, un lac tout frais, tout mignon, le lac de Poschiavo déjà nommé. Ça n'a pas plus de 2 kilomètres de taille, et ça se donne des airs ! Oh le joli bébé de lac !

L'équipage trotte le long de la rive droite ; il dépose ses passagers devant les bains de *le Prèse*. Un palazzo, s'il vous plaît ; du marbre à profusion.

Bormio se glorifiait de ses trois baigneurs ; le Prèse ne peut lui en opposer un seul. On s'installe. L'état-major n'a pas encore rejoint. En l'absence des maîtres, les valets font les honneurs de la maison. Après un dîner pas trop mal rédigé, après nous avoir internés dans l'appartement le plus... *chic*... (par-

donne, ô Bossuet !) — faute de rivaux britanniques pour nous
le disputer, sommeliers et chambrières organisent une petite
sauterie au piano.

Qui manœuvrait l'instrument ? je ne l'ai jamais su. A coup
sûr la plus haute personnalité artistique de l'endroit, la lingère
des bains ou la fille du concierge.

Le sommeil est rétif... Aller prendre part aux ébats de mes-
demoiselles les soubrettes, de messieurs les chefs et sous-chefs
de cuisine, ce n'est compatible ni avec les exigences de l'âge
ni avec les préceptes de la dignité.

J'ouvre alors ma porte-fenêtre de plain pied avec la terrasse;
j'allume un cigare ; je contemple la lune qui fait risette au lac,
et je songe avec mélancolie à... à mes clients qui depuis un
mois, ne voyant plus leur notaire, doivent être en train de
lâcher l'étude d'*icelui*.

IV

LE BERNINA

Le passage du Bernina est un pont jeté entre la Valteline et
l'Engadine, deux vallées faites pour se comprendre et pour
voisiner. La clef de voûte est à 2334 mètres.

Des bains du Prèse où Terpsychore présidait si bien dans
la soirée d'hier, excellente route conduisant à *Poschiavo*, petite ville aux allures féodales ; puis la Thébaïde. Jusqu'à *Pontresina* sur l'autre revers, un hameau, *Pisciadella*, deux ou
trois posadas de montagne. Rien de plus.

Concurrents, presque rivaux des grands premiers rôles alpestres, les groupes du *Rozegg* et du *Bernina* soudés l'un à
l'autre, font admirer la beauté, l'archaïsme de leurs formes, le
luxe et le développement de glaciers que nulle part je n'ai vus
plus purs, plus mouvementés ni plus éblouissants.

Les ascensions sont scabreuses. Dieu me garde de diffamer le
Bernina ! mais au simple coup d'œil on devine que tous les pé-

rils, tous les traquenards de la montagne se sont donné rendez-vous dans ce recoin des Alpes.

Les *enragés* trouvent là de très beaux motifs pour se briser les reins. Notre pauvre et regretté collègue *Henri Cordier* avait escaladé la plupart des pics du Bernina. Notre cher et vaillant ami S... de Q... a promené dans la région son sac, son binocle, son piolet et ses rêveries. J'en passe et des meilleurs.

Le piz Bernina, la plus haute cime des Grisons a ses 4052 mètres, qu'il porte très gaillardement.

Enfin, Messieurs, ouvrez le numéro 14 de l'Annuaire du Club-Alpin suisse si miraculeusement coffré dans notre bibliothèque, vous y trouverez une étude des plus instructives de notre collègue genevois, M. B... H... sur le champ d'excursion de la haute Engadine comprenant le Bernina, qui en est le joyau, la personnalité la plus en vue.

La caravane remontait lentement les pentes de ce Bernina. Elle fait escale devant l'*albergo la Rosa* (1878 mètres) autant pour déjeuner que pour laisser reposer les chevaux. Nous sommes reçus par une jeune femme très avenante, offrant ce qu'elle a de mieux après son sourire, beurre, viande salée, vin, café, etc. La jeune femme comprenait notre langue, la parlait même tant bien que mal.

La conversation s'engage :

« Vous demeurez seule ici, mon enfant ?

— Faites excuse, Monsieur... J'ai mon mari.

— Et... votre mari est absent ? Peut-être à Poschiavo où justement il y a marché.

— Faites excuse, mon homme est à l'observatoire.

— A l'observatoire ? Votre mari serait-il dans l'astronomie ?

— Oh! pas tant que ça ! Tout au plus dans la météo... la météoro...

— La météorologie.

— Météorologie. C'est bien le mot. Faites excuse, le français n'est pas mon fort. Monsieur n'est pas là sans le savoir qu'en Suisse il se fait chaque jour des observations météo... mé...

'— Ne vous donnez la peine...

— Le gouvernement a donc attaché mon mari à la station de la Rosa. Soir et matin il s'en va faire des chiffres, des grimoires, des bêtises qu'il expédie à Coire par le télégraphe. Tenez, voyez-vous là-haut, sur cette colline ? »

En effet à la pointe d'un piton voisin se dressait un grand mât bariolé de signes numérotés, coiffé de la girouette traditionnelle grinçant et tournoyant à tous les caprices de la rose des vents.

Un particulier prenait des notes. Ses notes prises, nous le voyons descendre à fond de train dans la direction de la Rosa qu'il semble ébahi de voir conquise par un ménage d'alpinistes.

Ébahis ! les alpinistes le sont pour le moins autant que le météorologue, l'entendant jouer de leur idiome avec une aisance, une correction dignes d'un professeur à la Faculté des lettres.

« Pardieu ! mon cher hôte, vous avez dû faire séjour en France ?

— Plusieurs années, oui, Monsieur.

— Quelle ville ?

— Lyon...

— Lyon? quel bonheur ! Notre Lyon ? »

C'est la cotouriste qui vient de faire explosion... Madame avant tout patriote, fière de sa ville natale jusqu'au fanatisme.

« Lyon ? fais-je à mon tour. Un couvert à l'astronome ! Deux bouteilles de votre meilleur ! Vous déjeunez avec nous ?

— Oh ! Monsieur, je n'oserai jamais...

— Osez toujours !... Et, comme cela, vous avez habité Lyon ?

— Quatre ans.

— Pour apprendre ?...

— La cuisine.

— La cuisine lyonnaise ? Bonne école.

— Madame a raison. J'ai fait mes classes chez X... le premier restaurateur des Brotteaux.

— Connu ! connu ! Fourneaux d'élite... un peu *chauds* peut-être. Et après ?

— Après ? Comme j'avais laissé à Pontrésina, Carlotta.

— Carlotta ? qui ?

— Pardi ! Carlotta ma promise.

— Votre *Gretchen* ?

— Précisément... Pour lors je suis rentré au pays. Nous nous sommes mariés comme vous voyez. Carlotta avait une petite dot, je l'ai mise sur ce chalet de la Rosa.

— Carlotta dedans ?

— Précisément ; ce qui me procure l'honneur de porter la santé de Madame et de Monsieur.

— Merci, nos braves enfants ! merci ! Que le bon Dieu vous protège ! Et voilà tout ?

— Ah ! j'oubliais... le mât de cocagne... C'est l'an dernier figurez-vous. Le grand conseil m'a délégué pour la surveillance de la pluie et du beau temps sur le revers méridional du Bernina. Nous vivons là.

— Seuls ?

— Presque seuls. Les touristes ne nous gênent guère. La mode n'est pas encore aux Grisons.

— Elle viendra, mon ami, elle viendra. Patience ! Et, de Lyon, vous ne regrettez rien ?

— Si fait... quelquefois...

— Quoi donc ?

— Les bals de l'Alcazar... (*mezza voce*), les petits soupers si... farces.

— Voulez-vous bien vous taire, malheureux. (*En sourdine*). Ces dames... surtout Carlotta !

— Peuh ! si vous croyez que Carlotta comprenne ! » me riposte l'astronome, avec un mouvement d'épaules et un cynisme révoltants.

Du chalet au col, gentille route vicinale de petite communication, du pittoresque ni trop ni trop peu, une bonne moyenne. Les arbres ont disparu, les gazons sommeillent encore sous la neige.

Jusqu'à de petits glaciers qui semblent avoir peur de nous,

les pauvrets, tant ils se cachent au plus profond des gorges
voisines. Glaciers de l'avenir, m'allez-vous dire, Messieurs ?
Je suis de cette opinion.

Le col du Bernina est un plateau allongé, jalonné ainsi que
tout col qui se respecte. A droite le val *del Fain*, ou du foin,
tant il fournit à la consommation chevaline, le piz Languard
que j'aurai l'avantage de présenter dans la séance prochaine,
et d'autres sommités qui valent à peine l'honneur d'être nommées
bien que de taille assez respectable.

A gauche, les contreforts du Bernina, l'avant-garde, le *Cam-
brena* et son glacier, le *Palu*, le *Mont-Pers*, se haussant
jusqu'à 3800 mètres pour mieux dérober aux regards des pro-
fanes le seigneur et maître dont ils sont les grands vassaux.

A quelques minutes de l'arête, la voie contourne un monde
d'*aquariums* entre autres le *lago Bianco*, le *lago Nero*. Signa-
lements fantaisistes : celui-ci pas plus noir que celui-là n'est
blanc. Nuance uniforme; du bleu-marine *ex æquo*. Au demeurant, tous ces marmousets de lacs, nous les trouvons mornes,
sauvages, peu folâtres. Leur toiture de neige n'est qu'en partie
fondue. Les uns s'en vont à l'Adriatique par l'Adda, les autres
à la mer Noire, par l'Inn et le Danube.

Au delà du col est l'hospice qui porte au front la noble devise
vaudoise : *Dieu et patrie !* La descente s'organise au petit trot
de la cavalerie. Nous allions céder à un demi-sommeil volup-
tueux, lorsque Franz, du manche de son fouet qui lui sert d'interprète, nous invite à regarder à gauche.

Nous regardons à gauche.

« Oh! oh!! oh!!!... Un crescendo.

— *Morteratsch* ! ajoute Franz de sa voix naturelle.

— Morteratsch !... Pied à terre, chère amie! ah! sacredienne ! pied à terre ! »

Les immenses glaciers du *Morteratsch*, j'aime autant dire
les mers de glace du Bernina, sont cotés bien au-dessus du pair
dans l'estime des amateurs. Ce qui motivait nos cris et nos points
d'exclamation, c'est que ce prodigieux Morteratsch, nous l'at-
tendions, certes, mais pas sitôt. Prisonnier entre ses falaises
neigeuses, entre les pics le gardant ainsi qu'un trésor, sous le

regard du piz Bernina son suzerain, il se révélait à nous sans transition, dans sa gloire et son incomparable majesté. Il n'avait pas crié gare, le Titan !

Voilà, Messieurs, de ces *trucs* alpestres, de ces bonheurs ineffables que la montagne réserve à ses élus.

Un pavillon, ma foi ! très pimpant était posté là tout prêt à offrir des chaises aux aventuriers, et à permettre de donner libre cours à leur enthousiasme. Or, comme rien n'altère à l'égal de l'enthousiasme, les aventuriers appellent à leur secours un flacon de certain petit vin blanc, qui se laisse gracieusement déboucher en vue du merveilleux glacier. Lui, regarde faire.

Vrai ! Je retournerais au Bernina rien que pour le Morteratsch, le gracieux reposoir et sa blonde piquette.

Une heure de descente rapide nous conduit aux premières maisons de Pontrésina.

Pontrésina ! quatre syllabes se combinant en une note d'harmonie. J'ai vécu là quelques-unes des heures bénies de mon existence. *Chamonix, Zermatt, Interlaken* sont les ancêtres, les doyens de Pontrésina. Laissez aller ! La fillette, la Benjamine, nous la voyons grandir et réclamer sa légitime. En 1864 cela commençait ; en 1881, la sirène n'a plus à compter le nombre des adorateurs qui vivent et qui mourront peut-être pour elle.

En traversant l'un des cinquante ponts que ma connaissance messire Satan a pris sous son patronage depuis Saint-Christophe en Oisans jusqu'à Pontrésina où nous entrons, Franz et le fouet de Franz esquissent le premier une grimace d'effroi, le second, le télégramme en usage de lui à nous.

Qu'est-ce encore, mon Dieu !

Nos regards plongent toujours à gauche, et de nouveau, font vis-à-vis à de monstrueux entassements de séracs et de névés, *les glaciers du Rozegg*, frères jumeaux du Morteratsch leur voisin de droite, se dérobant eux aussi dans les profondeurs d'une apside dont la flèche, le *piz Rozegg*, s'élance à 3,943 m. puis se développant en nappes étincelantes entre les assises de montagnes dentelées, blanches sur un horizon bleu.

Voilà ce que le fouet nous venait signaler.

Que présageait la mine effarée du Tyrolien ?

Un drame, hélas ! le drame de la berline, sa mort et sa résurrection.

Toutes choses dont Plumette fera le compte rendu fidèle, si vous avez, Messieurs, vienne le mois prochain, le courage qu'elle admire, d'écouter ses balivernes une dernière fois.

V

L'ENGADINE

Pontresina est une rue longue, étroite, sinueuse (altitude 1,800 mètres). Ici une paroi de rochers à pic presqu'en surplomb. Là, profondément encaissé, le torrent échappé aux glaciers. Pontrésina, corniche plus que terrasse, moins corniche que gouttière. Les chats à l'état de noctambulisme y doivent trouver beaucoup d'agrément.

Voyez, Messieurs. notre male chance ! La rue, la seule et unique rue de l'endroit était en réparation. Déblais, tranchées, pavés à l'état de barricades, rien n'y manquait... Aller plus loin, folie ! Pour les piétons, nous deux, Madame et moi, l'obstacle n'était pas infranchissable, mais les chevaux, mais la berline, mais les malles !

Telle était l'origine de la crispation tyrolienne de notre automédon.

La Providence veillait. Trois ou quatre indigènes, des messieurs s'il vous plait, des édiles peut-être, s'approchent, se découvrent, se confondent en politesses et en excuses, plaidant la cause de leur Pontrésina, affirmant, ce qui se voit du reste, que la berline, en tant que berline, à aucun prix ne saurait passer entière, qu'il y aura nécessité absolue de la démonter, de la disséquer, de l'exporter par morceaux.

Mais alors, Messieurs, ce ne sera plus une chaise de poste, nous aurons une carriole à bras, comme avant-hier au Stelvio.

« Monsieur vient du Stelvio ?

— A petites journées.

— Alors Monsieur est gentilhomme français ?

(Bon ! voici le gentilhomme qui renaît de ses cendres !)

— Et Madame sa gracieuse compagne ?

— Eux-mêmes, Messieurs ! A vous rendre nos devoirs !

— Permettez-nous un brin d'égoïsme, et de nous réjouir de l'incident qui vous fera perdre une nuit à Pontrésina.

— Merci ! c'était en tout cas notre projet.

— Nous serons très heureux de faire à Madame et à Monsieur les honneurs de notre pauvre pays.

— Pauvre ! pauvre ! Sur échantillon, parole d'honneur, il n'y paraît pas. »

Le fait est que nos interlocuteurs étaient d'apparence cossue. L'un d'eux offre son bras à Madame qu'il aide à emporter la barricade. En dix minutes on nous installe à l'hôtel de la Couronne, de plain pied avec une étroite terrasse dominant l'éblouissante cataracte de glace qui vient mourir presque à sa base.

Dès le matin j'avais mis sournoisement à l'ordre du jour que si l'heure d'arrivée et l'état du ciel n'y voyaient pas d'inconvénient, je lâcherais Madame, préalablement confiée aux soins de la Couronne, pour faire l'ascension du piz Languard. Une fugue alpestre et conjugale ni plus ni moins.

A peine deux heures. Très bien ! Juste le temps de monter au piz Languard, l'un de mes rêves, l'une de mes ambitions montagnardes. Un guide, un cheval, un alpenstock. Trois ou quatre heures d'escalade ; deux pour la descente, total six heures ; ce n'est pas le treizième des travaux d'Hercule. En route !

Le piz Languard, pour nous pic de Longue-Vue (3,266 mètres) est un obélisque planté droit comme un I au-dessus de Pontrésina ; on le dirait inabordable, il se laisse très gentiment aborder.

Sapins et mélèzes dans les soubassements ; sur leur tête un val étroit et désert, pâturages et gazons étagés jusqu'à la base du cône formé de rochers et d'éboulis. Ici, station des chevaux (2.770 mètres), puis un chapelet de zigzags à égrener avant d'atteindre la crête taillée en lame de couteau, le tout plaqueté d'innombrables petits névés.

Le mot plaqueté est-il naturalisé français? Hum! je le demande à notre docte et sympathique archiviste; s'il dit non, je regretterai mon plaqueté. Lui seul rend fidèlement ma pensée.

Et le panorama? Ah! Messieurs, c'est à y perdre les yeux de la tête et la tête par surcroit. Quarante lieues de fantômes blancs et glacés, une ligne brisée tirée du géant de l'Europe centrale, notre initiateur de 1840, continuée à travers les groupes du mont Rose et de l'Oberland bernois, de vieux amis et se développant jusqu'au Bernina que nous touchons du fer de notre bâton jusqu'au monte Cristallo, notre petite connaissance d'hier.

Et comme si la nature se mettait en frais pour le plus humble de ses adorateurs, un coucher de soleil à damner tous les peintres de la création, à confisquer leurs pinceaux pour les briser ou les vendre à des barbouilleurs d'enseignes!

La nuit venait de tomber. J'entre à l'osteria de la Couronne, éreinté mais rayonnant de joie. Dans la salle à manger, que vois-je, dieux immortels! la cotouriste pérorant au milieu d'auditeurs bénévoles, nos Pontrésiniens, leurs Pontrésiniennes accourus pour consoler Madame de son veuvage.

Ces messieurs étaient en vérité d'une courtoisie pleine de charmes. D'un âge mûr, vêtus sans recherche et cependant avec une sorte d'élégance, ils causaient, ils fumaient, avec la permission de ces dames.

Le souper m'attend, j'y fais honneur en alpiniste affamé. Cédant à un sentiment de discrétion, nos visiteurs font mine de se retirer; nous insistons jusqu'à la violence, ils restent.

La causerie s'était engagée de plus belle; Madame m'apprend que nos amis improvisés ont habité la France.

Ici, Messieurs, j'ouvre une parenthèse; si vous la trouvez longue, dites, je la fermerai.

Vous avez entendu parler des pâtissiers suisses? C'est en majorité du canton des Grisons qu'ils nous viennent, spécialement de la haute Engadine. On dirait un monopole.

Jeunes, ils ont abandonné leurs montagnes, ils ont émigré dans les deux hémisphères, en France plus qu'ailleurs.

Savoyards, ils se seraient faits commissionnaires ou ramoneurs ; eux se sacrent confiseurs, pâtissiers, limonadiers, chocolatiers, que sais-je ?

A quelques lieues près, les Casati, les Maderni sont de la Haute-Engadine. Eux aussi ont été de la foule des émigrants, des lutteurs pour la vie.

A leurs premières vacances, rare et mélancolique bonheur ! les exilés volontaires trouvent la promise qui les attend et bras dessus, bras dessous, ils repassent la frontière. Vers la cinquantaine, la petite fortune est faite ; on liquide l'industrie, on emballe la femme, les enfants, le portefeuille, les effets, et nos émigrants, en fils pieux, reviennent, pour tout de bon cette fois, achever leur existence au village, à l'ombre du clocher et de ces montagnes dont le souvenir les obsédait même en versant la demi-tasse, même en garnissant le vol-au-vent.

L'aisance qu'ils ont si honorablement gagnée, ils l'abritent aujourd'hui sous le toit de leurs chalets rustiques, noyés dans les lierres, festonnés de plantes grimpantes, avec des rideaux-mousseline de Saint-Gall aux fenêtres.

Partageant leurs journées entre les devoirs de la famille, les soins au jardinet, les réunions intimes, quelques flacons de vins de France, la fumée de leur pipe se tordant en spirales, nos Grisons rapatriés guettent les étrangers au passage, les guettaient du moins en 1864. S'ils pouvaient mettre la main sur un Français, ils ne le lâchaient pas. Plutôt l'auraient-ils étranglé.

C'était le cas de nos Pontrésiniens, ce que nous expliquait en fort bons termes celui qui semblait être le leader de la colonie.

« Alors, Messieurs, vous avez fait séjour chez nous ?

— Une vingtaine d'années.

— Paris ?

— Non... Rouen. A nous quatre autant de commerces. Chocolatier, pâtissier, fabricant de sucre de pomme. Voilà pour mes amis. Moi, cafetier, rue des Carmes ; connaissez-vous ?

— Rouen? Rue des Carmes? Parbleu ! Et, à ce qu'il paraît, on a fait ses petites affaires.

— Moi ?

— Tous les quatre.

— Avec l'ordre, l'intelligence, l'économie, si peu que Dieu s'en mêle, on tire toujours son épingle du jeu. Notre avoir réalisé, nous sommes, à l'exemple des anciens, revenus à Pontrésina. J'aurais gardé ma boutique quelques années encore, ce n'est pas l'envie qui manquait. Demandez plutôt à ma femme qui est là pour le dire. Va te faire fiche! Voici qu'un jour deux messieurs, deux habiles, se mettent en tête de rajeunir Rouen, de le flanquer sens dessus dessous.

— Deux Lyonnais ?

— Vous savez donc ?

— Avec l'un deux j'ai décliné *rosa*, la rose, *musa*, la muse.

— Tiens! tiens! tiens! comme ça se trouve! Ils m'ont bazardé mon établissement.

— Comment dites-vous ?

— Bazardé. Un mot de Normandie.

— Ah ! bien... très-bien. Et alors ?

— Mon Dieu ? je ne leur en veux pas. Ils m'ont crânement payé. Mes amis dans le même genre.

— Vous allez, Messieurs, me trouver d'une indiscrétion...

— Allez! allez! ne vous gênez pas. Vous êtes ici chez vous.

— Trop aimables en vérité. Voyons, votre fortune, votre bien, comment de Pontrésina menez-vous ça ?

— Ceux qui ont leur chalet de famille, le rabistoquent, l'embellissent ainsi que vous voyez.

— De petits palais ! fait madame.

— Oh! des palais! salue, ma femme ; Mesdames, saluez. Ceux qui n'ont pas la chose font bâtir pas grand, mais confortable et chaud.

— Vous devez geler l'hiver ?

— On gèle et on ne gèle pas. Cela dépend de la provision de bois. Il est au feu, le bois.

— Dame !

— Vous n'y êtes pas. Je veux dire que le bois coûte cher.

— Absolument comme chez nous, ajoute la cotouriste. »
Chœur de dames :

« Tout augmente, nourriture, blanchissage, toilette. On se ruine, on ne joint plus les deux bouts. »

La conversation est en train de dérailler. Si je laisse faire, il y en aura pour des heures et des heures. Je m'empresse de couper en deux les lamentations de ces dames qui me lancent des yeux. Puis m'adressant à l'orateur :

« Voilà pour le gîte et le chauffage, c'est bien. Ensuite, le reste ?

— Le reste nous le mettons dans les rentes françaises, dans les obligations de chemins de fer, les grandes compagnies, les solides.

— Vous m'en direz tant ! »

Et maintenant, Messieurs, ne trouvez-vous pas quelque chose de touchant et de patriarcal dans cette manière d'arranger sa vie? Si le bonheur et la paix ne sont pas chez de braves gens tels que nos amis d'un jour, à Pontrésina, berceau de leur enfance, devant cette incomparable nature, où diantre peuvent-ils bien être?

L'heure de la retraite a sonné; de chaleureuses poignées de main, des adieux prolongés s'échangent entre ces dames, ces messieurs et les deux aventuriers qui vont dormir.

« Si vous venez à Lyon ..

— D'accord.

— Si vous repassez par Pontrésina...

— Entendu ! »

Du temps que je grimpais au piz Languard, Franz et le charron du lieu s'étaient mis en quatre. Subdivisée et démontée ainsi qu'une montre, la pauvre berline s'était vue transbordée au delà de la barricade, puis assemblée, vissée et boulonnée à neuf ; si bien qu'au réveil du lendemain, tout se trouvait reconstitué et chargé, prêt à rouler au premier signal.

Le café dégusté, nous prenons notre essor, et, par une côte abominablement raide, nous descendons au fond de la haute Engadine.

Ici, Messieurs, encore une parenthèse, la dernière, je vous le jure.

L'Engadine est la vallée supérieure de l'Inn, qui y a sa source,
après ses quatre cents kilomètres dans la direction du nord-est,
l'Inn à bout de forces s'en va demander l'hospitalité au Danube,
sous les murs de Passau. Il y a mieux : certains maîtres en géographie ont émis l'avis que l'Inn est la source authentique du
Danube venu au monde suivant eux non dans le grand duché de
Bade, mais au pied des Alpes Rhétiques. Je n'en crois rien. Renvoyé d'ailleurs à notre éminent collègue, M. le professeur B...

L'Engadine dont l'orientation générale va du sud-ouest au
nord-est, comprend deux régions. La basse Engadine, longue
de dix lieues, couverte de villages, de prairies plantureuses et
de splendides forêts, débute à Samaden et finit à Martinsbruck,
à deux pas du Tyrol. A droite et à gauche quelques sommets
voisins des neiges éternelles, le piz Languard déjà coté, le
Silvettra (3026 mètres), le piz Linard (3416) ; des passages
carrossables, l'Albula (2313), le Fluela (2405) et finalement des
glaciers en nombre et en qualité.

Parmi les vallées latérales qui débouchent dans la basse Engadine, après le Munster-Thal, je signalerai Davos, dont la
spécialité ne manque pas d'un certain prestige. Les docteurs en
ont fait une station hivernale pour leurs poitrinaires, à 1556
mètres. Les poitrinaires s'en trouvent bien, dit-on, et les docteurs aussi.

Ce qui nous permet d'espérer, Messieurs, qu'un jour ou
l'autre nous aurons un institut hydrothérapique aux Sept-Laux,
et, dans le pré de Madame Carle, au pied du Pelvoux, à deux
pas du refuge Césanne, entre le glacier Noir et le glacier Blanc,
un pensionnat de demoiselles.

A Celerina, la berline tourne le dos à la basse Engadine.
C'est la haute qui nous attire, et que nous allons affronter.

Le climat y est très rude. Fréquemment en hiver trente
degrés au dessous de zéro. Brrr ! neuf mois d'hiver, trois mois
de froid. Dicton du pays, dicton vrai. Des gelées blanches, la
neige nouvelle ne sont pas rares au mois d'août. Le creux de
la vallée désignée sous le vocable de Silva-Plana, forme une
immense steppe, un Sahara de maigres gazons encadrant un
quadrille de lacs, Saint-Moritz, Campfeer, Silva-Plana, Sils,

et tout autant de bourgades répondant aux mêmes noms, embellies d'ailleurs ainsi que Pontrésina, de chalets endimanchés, de villas aux fenêtres étroites sur lesquelles ne sauraient mordre les ouragans, closes enfin de grilles dorées dont le papillotage tire les yeux.

Tout cela aux émigrés rentrés pour jouer les marquis de Carabas dans la pauvre vallée de sept lieues où ils ont déchiré leur première culotte.

Une particularité des montagnes et des gorges de la haute Engadine, c'est le silence de mort qui y règne. On entend à peine le bruissement des feuilles, le chant d'un oiseau. On dirait qu'ils se recueillent ou qu'ils ont peur.

Ces dernières lignes ne sont pas de Plumette. Plumette les aura pillées quelque part.

La caravane déjeune aux bains de Saint-Moritz, vaste et majestueux établissement thermal, l'une des naïades européennes les mieux ferrées et les plus carboniques.

Le déjeuner pris et soldé, les villages traversés, les lacs côtoyés, voici, sans qu'on s'en doute, le col de la Maloya ou Maloggia (1811 mètres), limite de la haute Engadine et de la vallée de Bergell ou Bregaglia, selon qu'on se place au point de vue germanique, où à celui du pays qui voit fleurir l'oranger, le rêve de Mignon.

La vallée qui s'ouvre au col de la Maloya va, d'étage en étage, se heurter aux murailles antiques de Chiavenna. Le torrent de la Meïra parcourt et anime cet escalier sans fin qui, par les mansardes touche à ce que la nature alpestre a de plus sévère, et, par le rez-de-chaussée à ce que le ciel méridional offre de plus guilleret et de plus recherché.

L'équipage fait halte au plateau du col devant une auberge. Un dernier coup d'œil à la haute Engadine. Devant nous la vallée. Silva-Plana et ses lacs. A gauche, une ligne de faîte entre 3,000 et 3,500 mètres traversés par les deux passages du Juliers (2,287) et du Septimer (2,311). Dans un repli de montagne voisin du col, au lac de Langhino à 2,400 mètres, la source de l'Inn ou du Danube. Ne faisons pas de cela une question de cabinet.

A droite, oh ! sapristi ! Messieurs !... Bien plus grandioses sont les aspects et les impressions.

D'abord le Bernina, le Rozegg, cela va de soi. Puis, en serre-file les pics della Disgrazzia, de Fédoz, de Forno, que sais-je ? et les océans de glaces qui, du haut de leurs 3,800 mètres, attendaient, en 1864, les de Saussure du dix-neuvième siècle et qui les ont trouvés, grâce à Dieu et aux clubs alpins, ses fondés de pouvoir.

La berline reprend sa course ; à l'extrémité du plateau nous attend l'inextricable fouillis d'une forêt vierge à pic.

« Ah ! Seigneur ! Franz ! Franz ! pas de route !... Où est la route ?

— Là, répond le fouet télégraphique.

— Là ?... Piquer une tête dans ce cratère de verdure ?... Par exemple !...

— Jamais de la vie ! détonne le soprano de Madame terrorisée.

— Presto ! signor... Presto !... » Le seul italien qu'ait jamais essayé avec nous le digne cocher. Du moment qu'il en fait usage, le cas doit être pressant, il y a péril en la demeure. Nous voici de nouveau confinés dans notre boîte, nous remettant aux mains de la Providence.

Sur les flancs vertigineux de l'abîme forestier se déroulait en vingt et un doubles lacets — vingt et un, j'en ai fait l'addition — une route ombreuse, invisible, aux pentes magistralement comprises. J'admirais le superbe sang-froid, l'adresse étonnante de notre Franz qui descendait, descendait au petit trot de ses trois chevaux en arbalète, combinant ses voltes avec une précision géométrique, mesurant l'angle aigu de chaque zigzag. Ce fut merveilleux et charmant.

La frontière italo-helvétique se retrouve à Castasegna, riante oasis. Le nom prévient à lui seul qu'il s'y récolte plus de châtaignes que d'ananas.

Après Castasegna, Pleurs ou Plurs, qui rappelle, hélas ! que tout n'est pas rose et blanc dans les Alpes. La chute d'une montagne l'engloutit tout entier vers 1618 ou 1620. Avant le désastre, des fragments de roches se détachaient de la cime

voisine ; des crevasses s'ouvraient, faisant prévoir un cataclysme. Les naturels haussaient les épaules, se bouchaient les
oreilles, fermaient les yeux. Pauvres diables ! pauvres gens
ensevelis sous 20 mètres de terres, de rocs et de débris ! Les
essais de sauvetage devaient être et furent impuissants. Tout
vestige de la catastrophe est effacé. Une forêt de châtaigniers
recouvre la tombe de la cité martyre.

Une chose qui va vous surprendre, Messieurs !

A l'un de mes voyages en Suisse, certain journal me tombe
dans les mains. Stupéfait, je manque tomber moi-même sur le
journal, en lisant à la quatrième page le prospectus d'une
Société en commandite par actions pour les fouilles de Plurs
qu'on espérait rendre à la lumière du jour — tout comme
Pompéi — avec les trésors qui doivent y être enfouis.

Quels trésors ? des marrons du dix-septième siècle !... Et
encore !

Des actions de Plurs ! Si la Société s'est constituée, ce que
j'ignore, mon agent de change m'en offrirait pour rien, cou-
pons non détachés, que je ne les prendrais pas.

Et vous, mes chers collègues?

VI

LE SPLÜGEN

Chiavenna, son nom le dit, est la clef de l'Italie vers la
Suisse orientale. La serrure est au Splügen. De plus, Chiavenna passe pour débiter la bière la plus mousseuse des Alpes
à l'Adriatique.

Nous venons échouer dans le vaste et bel hôtel Conradi.
Notre balcon domine le forum de Chiavenna, petite et pittoresque cité de trois à quatre mille habitants. A gauche, une
église ni bien ni mal, San-Lorenzo ; en face, au sommet du
rocher noir qu'elles couronnent, les ruines immenses d'un
château féodal, sombre, farouche d'aspect, digne à tous égards

d'une place d'honneur dans les illustrations de notre grand
artiste Gustave Doré.

Voici le décor planté.

C'était un dimanche. Chiavenna devait fêter quelqu'un ou
quelque chose, car au premier coup de quatre heures, toutes
les cloches se mettent en branle, tirant leurs langues de bronze
par les baies des campaniles privés d'abat-sons, à la mode
italienne.

Le forum était envahi. Hommes reluisants sous le velours-
coton, femmes accaparant les sept nuances de l'arc-en-ciel...
Pas plus belles pour cela. Ah ! non !

A la porte d'un café, sous la véranda, une vingtaine de
jeunes gars découplés, en uniforme bleu d'azur, boutons d'argent, képis galonnés, et panaches. Oh! quels panaches !...
La fanfare de Chiavenna, cela saute aux yeux ; d'autant que
nos jeunes gens courent après le *la* du diapason, qui leur
échappe toujours.

Tout près, un demi-cent de rudes gaillards, à l'uniforme
plus sévère, le casque en tête... Évidemment les sapeurs-
pompiers... Messieurs, saluons militairement !

Ce tumulte, ces cloches, cette foule, ces panaches, il faut
tirer cela au clair.

« Sommelier, sommelier, montez, je vous prie. Dites : quel
est ce régiment de monde ?

— Pas un régiment, Monsieur ; la compagnie des pompiers
de Chiavenna.

— Des compagnons d'armes?... J'ai deviné tout seul. Mais
la musique ?

— Fanfare des pompiers, fait le sommelier soulignant d'un
sourire sa pensée que l'Excellence est un parfait imbécile.

— Et, ce concours populaire, pourquoi, mon ami?

— Pourquoi?

— Oui...

— Monsieur ne sait pas ?

— Dame ! si je savais...

— C'est juste. Pour lors, Excellence, les deux mille ba-
dauds que vous voyez sont là pour la madona di Callivaggio.

— Bah !... Et cette madone di Callivaggio ?

— Monsieur n'a jamais entendu parler de la madone d'ici ?

— C'est la première fois, parole d'honneur ! A Lyon d'où nous sommes, on n'a de rapports qu'avec Notre-Dame de Fourvière... Sommelier, avez-vous une minute de loisir ?

— Je suis aux ordres de Son Excellence.

— Présentez-nous la madone di Callivaggio.

— Voyez-vous là-bas : Madame voit-elle ?

— Très bien.

— A une petite lieue d'ici, route du Splügen, au-dessus des grands châtaigners, une tour blanche ?

— A merveille !

— C'est le campanile de la chapelle.

— De la madone...

— Di Callivaggio... Vous y êtes, Excellence !

— Et ce campanile sert à sonner la messe de la madone ?

— Et aussi ses trois Angelus.

— Toujours !

— Je me permettrai de faire savoir à Madame et à Monsieur, sans leur commander, qu'il y a des siècles, à l'entrée de la grotte de Callivaggio...

— Tiens, tiens ! Il y a une grotte, comme pour sainte Rosalie à Palerme.

— Il y a une grotte... Donc, qu'à l'entrée, un beau matin, nos anciens qui ne s'y attendaient guère, trouvèrent debout une petite sainte Vierge en bois noir, sculptée, à ce qu'on dit, par...

— Par saint Luc !...

— Juste !... Mais alors, Son Excellence est au courant ?

— Parbleu ! Allez toujours, mon brave !

— Comme la madone faisait tous les miracles qu'on lui demandait, et même ceux qu'on ne lui...

— Sommelier ! sommelier !

— De quoi, Excellence ?

— Seriez-vous voltairien ?

— Voltairien ?...Je ne sais pas. La madone faisait donc tous les... enfin n'importe ! on lui bâtit par-dessus la grotte un oratoire... l'oratoire au campanile.

— Ah ! voilà... voilà !

— Vous allez voir, Excellence. Donc qu'un jour les autorités de Chiavenna, les curés en tête, parce que les curés se mêlent de tout...

— Jésuites ?

— Tous jésuites !... se mirent dans la cervelle que la madone n'était pas logée selon son mérite dans les bois de Callivaggio. Propositions, rapports, discussions, amendements, le diable et son train. Finalement, on vote pour que la statue prenne domicile dans la grande église de San-Lorenzo. En un tour de main une procession s'organise, déploie ses bannières, chante cantiques sur litanies, litanies sur cantiques, enlève la petite vierge noire sur un brancard de verdure, et l'installe tout bonnement dans une niche d'honneur, derrière le grand autel de San-Lorenzo. Madame et Monsieur ont pu voir...

— La madone ?

— Non, la niche.

— Nous devons notre visite à San-Lorenzo. Ce grand saint la recevra tout à l'heure.

— Le soir même, illuminations générales, feux d'artifice, danses publiques.

— Oh ! oh !

— Puisque le roi David a valsé devant l'arche ! Bière à discrétion ! Votre Excellence n'est pas là sans savoir que la bière de Chiavenna n'a pas sa pareille dans l'Italie entière.

— Je l'ignore si peu que je vous prierai de nous faire monter un cruchon.

— Piétro ! Piétro ! cruchon de bière au numéro 2. Voici que le lendemain à la pointe du jour, le sacristain...

— Encore un jésuite.

— Toujours ! Le sacristain ouvre les portes de San-Lorenzo, va droit à la niche, lève les yeux, pâlit et tombe à la renverse.

— Pauvre sacristain !

— Plus de madone ! disparue, enlevée !

— Oh! ciel!

— Non, Madame, pas au ciel. On le crut d'abord, une erreur, mais retournée toute seule, la petite madone, dans son trou de Callivaggio.

— A la bonne heure!

— Oui, avant l'aurore, un déménagement à la lune.

— Les gens de Chiavenna sont entêtés. Paraît que la madone l'est tout autant. Ramenée deux fois, deux fois reprenant la clef des champs. Il fallait en finir, ce fut alors qu'avec l'autorisation de saint Joseph, de saint Joseph, le mari de la Vierge...

— Je sais, je sais.

— Eh! eh!

— Silence, mécréant!

— On fit une transaction amiable devant un notaire, de Chiavenna, qui est dans les archives de la ville.

— Le notaire?

— Non, la transaction.

— J'aime mieux ça. Et, dans cette transaction?

— Il fut dit que la madone garderait son pied-à-terre à Callivaggio...

— Rien de mieux, après quatre ou cinq cents ans de prescription non interrompue.

— Que chaque année, dans la première quinzaine de juin, la madone serait invitée à faire ses dix jours dans l'église de San-Lorenzo, où elle serait libre d'opérer tous les miracles qui...

— Encore, athée! encore?

— Qu'une procession solennelle du clergé, des magistrats, des dévots, irait chercher la madone et la remonterait chez elle avec tous les honneursduà ses on rang.

— Nous y sommes, nous y sommes.

— Vous voyez bien, Excellences! Or, comme c'est aujourd'hui le dernier soir de la dizaine de 1864, si Madame et Monsieur désirent assister au défilé, voici le moment de se placer à leur balcon. »

Et là-dessus notre homme se sauve à toutes jambes comme s'il avait eu Lucifer à ses trousses.

« Il va, dis-je à la cotouriste, il va se cacher dans les caves, le païen, derrière quelque tonneau de bière pour n'être pas témoin d'un acte religieux qui blesse ses convictions. S'il est de la procession, celui-là !... »

Les cloches sonnaient avec rage. Le cortège s'ébranle. En tête les bannières, les pénitents de toutes les couleurs, blancs, noirs, gris, gris en majorité, les fidèles du sexe laid, la fanfare panachée, faisant feu de toutes ses cuivreries, attaquant avec une incomparable furia le grand final des *Martyrs* (Poliuto), musique de Donizetti, une épopée musicale.

« Eh ! eh ! fait Madame, pas mal pour Chiavenna ! De la verve, du brio !

— Une grosse caisse hors ligne ! un pavillon chinois qu'on dirait venir de Pékin ! »

A la suite de la fanfare, les pompiers sur deux files encadrant dans leurs flancs héroïques le clergé de la ville et des faubourgs, régulier et séculier, le syndic, le corps municipal, les gros bonnets et les fonctionnaires du lieu, tout cela psalmodiant et précédant la brune madone portée en triomphe sous un arc de feuillage, confiée à la foi ardente, aux robustes épaules de quatre hercules en habit noir, gantés de blanc, le chapeau décoré de fleurs et de rubans en banderoles.

L'un des quatre, jarret tendu, le poing sur la hanche, se fait remarquer par une allure à la fois modeste et vaillante. Lancés à pleine voix, ses *ora pro nobis*, attestent une ferveur di primo cartello. Nous regardons, c'était... devinez, Messieurs, notre voltairien de sommelier ! lui-même !

Croyez donc aux esprits forts de Chiavenna !

L'arrière-garde comptait un millier de femmes, de jeunes filles et d'enfants, marchant pêle-mêle à la mode des troupeaux de moutons, étalant des toilettes de l'autre monde, arborant, Plumette l'a déjà dit, des nuances à faire grincer les dents.

Que tout ceci fût bizarre, étrange, excentrique, je vous l'accorde, Messieurs; et cependant la raison et l'intelligence avaient beau se débattre, il leur était difficile de s'arracher à je ne sais quel élan de poésie religieuse, en voyant l'interminable cortège serpenter à l'ombre de la madone dans les premiers replis de la montagne, paraître et disparaître à travers les arbres, tandis que l'endiablée fanfare...

— Boum! boum! Un appel de grosse caisse ébranle les vitres de l'albergo Conradi. Que vont-ils nous donner? Écoutons. Ah! Seigneur, mon Dieu! le final des *Martyrs!* Encore les *Martyrs!*

Et la procession s'éloignait à pas comptés, s'engageait de plus en plus dans les gorges du Splügen. La musique nous envoyait toujours les bouffées lointaines de son odieux final.

Les martyrs, ce n'étaient ni Polyeucte ni Pauline, c'étaient nous deux, Madame et moi.

Au retour à nuit close, fidèle aux saines traditions musicales, la fanfare vient se désaltérer à la brasserie annexe de l'hôtel. Je descends l'escalier quatre à quatre, et tombe inconscient, dans les bras du sommelier. Il veut, bon gré, mal gré, me présenter aux Enfants d'Apollon, section de Chiavenna.

« Monsieur, L. V... alpiniste français.

— Très heureux, Messieurs, d'avoir été le témoin d'une touchante manifestation. A demi-voix, poussant du coude mon sommelier : Hein! dites donc, vous! pas un reproche, au contraire!

— Et nos artistes! Excellence? s'empresse d'ajouter le digne sommelier, soucieux de faire dévier le cours de la conversation.

— Parfaits! Seulement...

— Monsieur n'a pas trouvé le final de Poliuto, ce grand final, ce superbe final...

— Très beau, très beau. Seulement.

— Seulement, Excellence?

— Après Donizetti, pourquoi pas quelque peu de Rossini, de Verdi? Si l'art est un, ses aspects sont multiples.

— Monsieur a raison, réplique un grand et beau jeune homme saluant avec cette courtoisie et cette grâce dont l'Italie a le secret. Par malheur notre répertoire est très limité.

— Que me dites-vous là, maestro?

— Si limité qu'après le final de Poliuto...

— Le néant ?

— Hélas! Mais, patience, nous sommes à nos tout premiers débuts. Chiavenna vient d'ouvrir une souscription pour l'achat de notre petite bibliothèque musicale.

— Ah! tant mieux, tant mieux!

— L'an prochain nous aurons un programme plus varié. Si Votre Excellence repasse par ici.

— Je n'ose, maestro, le promettre ni à vous ni à moi. Je ferai mon possible. Voulez-vous des arrhes?

— Quelles arrhes ?

— Sur le voyage de l'avenir, pour la souscription. Chut !

— Pour elle et pour nous, Monsieur, merci ! merci ! »

Et le touriste, serrant la main du maestro, regagne ses foyers et son balcon, d'où Madame contemplait tout Chiavenna en liesse, retour de Callivaggio.

Le point du jour nous vit en route, remontant de droite et de gauche le Liro ou la Lira, un braillard de torrent traversé par les lacets du Splügen, grande route des plus sérieuses.

Le Splügen, autrefois si redouté, est un large et commode passage, doté de ce qu'il y a de mieux et de plus confortable dans les Alpes, en tant que tunnels.

De sa détestable réputation, le Splügen n'a gardé qu'une mine rébarbative et peu avenante. En revanche, il a le privilège de faire traverser la fière et illustre gorge de la via Mala.

Laissez-moi, Messieurs, faire une réclame à la cascade de Madésimo entre Isola et Campo-Dolcino où, dit-on, nous avions déjeuné. A dire vrai, la caravane ne s'en était guère aperçue.

Le Madésimo, majestueux et terrible, se précipite sans ressauts d'une hauteur de 250 mètres. Représentez-vous, Messieurs, le Staubach triple de volume. La chute se voit très bien et dans son entier développement, d'une plateforme établie *ad hoc* au bord de la route. On n'est pas plus aimable que le gouvernement italien auquel ressortit le versant méridional du Splügen, qu'il a baptisé Splüga.

Au temps de mes études classiques je m'étais surpris frémis-

sant d'horreur devant un nom sinistre, la gorge des Cardinells.
Le récit des guerres de la république m'avait appris qu'en
décembre 1800, sous le consulat, le général Macdonald fit passer le Splügen à sa division chargée de couvrir le flanc de no --
tre armée d'Italie. Des colonnes entières engagées dans la gorge
des Cardinells furent entraînées vers l'abîme par les avalanches. Je ne pouvais faillir à un pieux et patriotique devoir.
Laissant à Isola Madame suivre placidement la route nouvelle
tracée à droite, et franchissant une passerelle qui me ramène
à gauche, je trouve le sentier tortueux des Cardinells que je
gravis non sans effort. Tellement effrayante la corniche de
sauvagerie et d'à-pics, que j'hésitai un instant.

Pour y engager seulement quatre hommes et un caporal, à
plus forte raison une division complète, il fallait que Macdonald eût jusqu'à la folie l'héroïsme de l'impossibilité et le mé-
pris de la vie humaine.

Je rejoins, essoufflé, la berline à la Dogana, groupe de chalets agrémentés d'une buvette qui m'est d'un grand secours
après l'escapade des Cardinells. On touche au col (2,117 m⁚).
De ci, de là, quelques plans de neige; il n'est pas rare qu'en
hiver cette neige ne grimpe jusqu'au premier étage des cahut-
tes. Alors, quand se déchaîne la tempête, on sonne la cloche
pour orienter les voyageurs. Ah ! Messieurs, comme cela doit
ressembler au tocsin !

Une heure de grande vitesse du col au village de Splügen.
Arrêt à l'hôtel de la Poste.

VII

LE RHIN SELON BOILEAU

Splügen est le chef-lieu du Rheinwald-Thal ou vallon du
Rhin. C'est aussi le point de rencontre de deux routes très
fréquentées, le Saint-Bernardin et celle d'où nous descendons,
ouvrant un angle aigu dont le chef-lieu est le sommet.

Les deux routes relient les Grisons à l'Italie du Nord, la première par le lac Majeur, la seconde par le lac de Côme.

Je savais qu'à une heure de Splügen, en petit char, je trouverais Hinterrhein, le hameau le plus élevé de la vallée (1,624 mètres) et que d'Hinter-Rhein se laissait voir à distance la source du Rhin postérieur.

Quelques lignes d'hydrographie. Veuillez permettre encore, Messieurs !

Le massif du Saint-Gothard est le château-d'eau de l'Europe. Chacun sait ça ; vous, Messieurs, mieux que tous ; supprimez le Gothard, il n'y aura, pour ainsi dire, plus moyen de se préparer un verre d'eau sucrée ; vous aurez le sucre, vous aurez la fleur d'oranger distillée, mais vous n'aurez pas l'eau, sinon l'eau des citernes : tout est là.

Du Gothard se précipitent quatre torrents qui, peu après leur entrée dans le monde, se font rivières ou fleuves, le Tessin, le Rhône, le Rhône du pont Morand, la Reuss, le Rhin.

Le Rhin a trois sources : le Rhin antérieur (Vorder-Rhein) échappé du lac Toma aux flancs du Saint-Gothard et marchant seul jusqu'au bourg de Dissentis, célèbre par son abbaye de bénédictins.

A Dissentis, le Rhin antérieur rencontre le Rhin du milieu (Mittel-Rhein) sorti de je ne sais où, du fond, je crois, de la vallée de Médels (s. g. d. g.).

Les deux compagnons, bras dessus, bras dessous, descendent la belle et imposante vallée, l'honneur des Alpes, qui porte leur nom; puis, sous les murs de Reichenau, où Louis-Philippe préluda par des problèmes de mathématiques aux discours du trône constitutionnel, les deux Rhins aînés cueillent un petit frère, le plus rageur, le plus incorrigible des trois, le Rhin postérieur (Hinter-Rhein) dont les yeux se sont ouverts à la lumière au pied du mont Adule ! Ne faites pas attention, Messieurs, la voix de Boileau, Boileau-Despréaux, le père Boileau !

> Au pied du mont Adule, entre mille roseaux,
> Le Rhin, tranquille et fier du progrès de ses eaux,
> Appuyé d'une main sur son urne penchante,
> Dormait...

Assez, Boileau !

Voilà pourquoi je me faisais un régal d'aller contempler de mes propres yeux et le mont Adule, et les mille roseaux, et l'urne penchante, pourquoi je lâchais la cotouriste et ses alarmes, confiées à la garde de l'hôtel de la Poste.

Au hameau d'Hinter-Rhein, je saute à bas de mon char. J'arrête un jeune citoyen qui, pieds nus et pour un franc, me remorque au bout d'une ruelle solitaire aboutissant au vide. Sous mes pieds, par un à-pic de 200 mètres s'ouvre la gorge la plus désolée, la plus repoussante, la gorge de Zapport, à 2 lieues, vol d'oiseau ; un vaste glacier lui sert de barrière, c'est le glacier de Rheinwald ou du Paradis (quel paradis perdu, Seigneur !) ouvrant la porte au Rhin postérieur qu'on voit à peine, mais qu'on entend à merveille rugir, sacrer et blasphémer à travers les éboulements, les neiges, le chaos et les cent mille horreurs de cette nature infernale.

Autour du glacier, une couronne de monts sourcilleux, le piz Val Rhein, le Moschelhorn, vingt autres entre 3,000 et 3,500 m. J'en passe et des plus raides.

Le maître de poste d'Hinter-Rhein, le surveillant de mon char, parlait assez correctement la langue qui nous a vus naître. Du Joseph Prudhomme tout simplement.

« Monsieur vient de jeter un coup d'œil à notre source du Rhin ?

— Hélas ! oui, mon brave !

— Monsieur n'a pas l'air enchanté ?

— Hum ! les Alpes m'ont mis en face de beaucoup d'énormités. Elles ne sauraient lutter avec votre désert de Zapport. Faites-moi le plaisir de m'indiquer le mont Adule...

— Mont Adule ! mont Adule ! ma femme, connais-tu le mont Adule ?

Un contralto dans la coulisse :

« Monsieur veut badiner.

Le mari : Monsieur veut... badiner.

— J'ai entendu... Et les mille roseaux ?

— Quels roseaux ?

— Et l'urne penchante ?

— Une urne penchante ?

— La carafe, imbécile ! Tu ne vois pas que ce monsieur se moque de toi !

— Ah! par exemple, Madame ! je proteste.

Le mari : C'est que les Français aiment assez à rire... Farceurs les Français ! farceurs tous, tous !

— Moi pas, mon brave ! Voyons, voyons ! ni le mont Adule ni les mille roseaux, ni l'urne penchante, vous n'avez rien de cela. D'accord, mais le Rhin... le Rhin tranquille et fier?

— Fier, je ne dis pas... Pour tranquille, Monsieur a pu voir.

— Mais alors, sacredienne ! Boileau est un polisson.

— Qui ça? Boileau !

> Au pied du mont Adule, entre mille roseaux,
> Le Rhin tranquille et fier...

— Ah! bien! très bien! ça m'est déjà venu aux oreilles. Au pied du mont Adule. Des messieurs, des messieurs de France, comme vous. Tous les Français des farceurs, tous, tous ! Je ne comprenais pas, vous m'avez mis au courant. Et vous dites donc que votre ami est un polisson?

— Boileau? mon ami? Nous ne sommes pas du même âge... Nous ne nous parlons pas.

— Qu'il ose se présenter ici, votre ami, le vagabond ! Vlan ! c'est moi qui m'en charge.

— Bon! Demandez-lui son casier judiciaire ! »

A Splügen, hôtel de la Poste, m'attendait un interrogatoire en règle. J'eus la physionomie traîtresse d'un émerveillé.

Cependant, Messieurs, je n'étais pas trop désolé. J'avais, pour mon compte personnel, et *de visu*, éclairci ce mystère géographique, à savoir, que toutes les diableries de la nature se sont donné rendez-vous à la source du Rhin postérieur, toutes hormis les mille roseaux, l'urne penchante et les autres fanfreluches à la Boileau.

Quant au mont Adule, si comme pic spécial il n'existe pas plus que l'Iseran entre la Tarantaise et la Maurienne, disons, Messieurs, à la décharge de notre immortel satirique, disons que les cimes nombreuses réunies autour du vaste glacier de Zapport, ont pour raison sociale le nom collectif des Adules.

VIII

P. P. C.

Nous sommes au septième jour du contrat de Botzen. Il faut ce soir même, être à Coire, à moins que la fatalité ne s'en mêle, et précisément la fatalité va s'en mêler. Le soleil est las de sourire à la caravane; de gros nuages se reposent sur les sommités voisines. L'air se condense, une tourmente est en voie d'éclosion. Pourra-t-on, devant qu'elle éclate, franchir le défilé de la via Mala?

La via Mala! encore un de ces noms prédestinés ayant le monopole de faire tressaillir et rêver.

Bah! En route. A la grâce de Dieu et de la madone de Callivaggio!

A la sortie de Splügen, on n'y voyait guère, ce qui veut dire qu'au village d'Andeer, on n'y voyait plus.

Une pluie froide tombe à torrents. Triste et lugubre, la nature grelotte. Nous imitons la nature... Le vent souffle avec furie, le tonnerre éclate avec fracas, les éclairs décrivent de sinistres arabesques. Madame a peur, et la peur est d'autant mieux en situation que nous nous trouvons en pleine via Mala, coupe-gorge breveté des Alpes, objet d'effroi quand le soleil lui-même le visite.

Là bas, au fond, un cri, une épilepsie, le Rhin déchaîné. Je ne sais ce qui me retient d'appeler les gendarmes. En somme, une via Mala manquée.

C'était saint Médard qui tirait sur nous son chèque du mois de juin.

Ah! enfin... Thusis! la petite ville hospitalière, poste avancé, sentinelle perdue au nord de la via Mala, comme Andeer l'est au sud.

Et, dans Thusis, l'hôtel de l'Aigle, gracieux et avenant, où
la berline s'engouffre avec bonheur. Par l'organe du sommelier, Franz, ruisselant comme un triton, déclare qu'il y aurait
folie, la nuit tombant, à tenir les grands chemins, que ses chevaux n'en peuvent plus, qu'une fluxion de poitrine est bientôt
gagnée, que demain la tempête n'existera plus sinon pour mémoire, que nous pourrons visiter à notre gré la via Mala qui
se sera faite belle pour Madame et pour Monsieur, qu'à midi
nous serons à Coire, etc., etc.

De quoi s'agit-il après tout? d'un retard de quelques heures,
du crédit supplémentaire d'une demi-journée au budget de la
berline. Nous n'en déposerons pas notre bilan.

Prise en considération, la proposition Franz est discutée,
puis adoptée au scrutin public. Ce qu'elle nous laissa voir le
lendemain, Messieurs, le voici :

A tout seigneur tout honneur!... Le soleil... Le soleil du
Stelvio, du Bernina, du Splügen. . Notre soleil d'Austerlitz.

— Ensuite ?

— Ensuite, Messieurs, à quelques portées de fusil de l'Aigle,
une fissure, une entaille monstrueuse, la montagne fendue en
deux par la durandal de quelque Roland rhétien.

A gauche, dans la région des nuées, les ruines du château-
fort de la Haute-Rhétie, lequel, au moyen âge, eut l'honneur
de servir de parrain aux ligues grises, devenues le pays, puis le
canton des Grisons.

La vieille forteresse, campée sur des rochers à pic, est
inaccessible par la vallée dont elle commande l'entrée.

On salue le vénérable manoir. On pénètre dans l'étroit
défilé long d'une lieue, sombre, tortueux, éclairé d'un pâle
reflet bleuâtre renvoyé par les rocs perpendiculaires, mesurant
de 4 à 500 mètres. La voie est protégée par des parapets. Une
galerie, des masses qui surplombent, trois ponts comme traits
d'union. Pour final, à 100 mètres de profondeur, le Rhin
junior qui marche avec peine, se gonfle, se tort, cabriole et
rebondit couvert d'écume, poussant des rugissements de bête
fauve, en parfaite harmonie avec le décor de ce lieu redoutable
et séculairement redouté.

Voilà, Messieurs, ce que nous devions à l'heureux cataclysme de la veille, ce qui nous fit entrer vers midi seulement au Steimbock, le grand hôtel de Coire, capitale du canton des Grisons.

Après sa cathédrale, dont certaines parties se rattachent au huitième siècle, Coire n'a rien qui soit digne de fureteurs tels que nous. Aussi est-il décidé qu'on prendra le train jusqu'à Ragatz et aux bains de Pfœffers où la journée s'achèvera. Dans cette prévision, le salon du Steimbock sert de bivouac. Autour d'un guéridon voisin une tribu anglaise qui lunche.

Franz est convoqué. Le sommelier veut bien, lui aussi, assumer les fonctions de drogman. Franz apparaît, yeux baissés. timide, presque honteux. Je prends la parole, le sommelier traduit :

« Franz, mon ami, nous allons nous séparer ; vous avez été un brave, un honnête et fidèle serviteur. Votre devoir, vous l'avez rempli au delà de vos promesses et de nos espérances. Madame et moi, vous sommes reconnaissants. Voici vingt napoléons..., les seize du contrat de Botzen. Vous remercierez pour nous l'excellent M. Buchner. Le dix-septième napoléon est pour la demi-journée de supplément, les trois derniers pour le trinkgeld, la buona mano, le pourboire..., donnez-y le nom qu'il vous plaira. Vous les accepterez comme un témoignage de notre pleine et entière satisfaction, et nous ne croyons pas, Madame ni moi, être quittes envers vous... Voyons, Franz, êtes-vous content?

— Si je le suis? Monsieur le demande !... Oui, d'un côté, je suis content, oui ; mais d'un autre côté, non, je ne le suis pas... content. non... Je m'embrouille. pardonnez-moi... Ce que je veux dire, c'est que je serais bien autrement... ce que dit Monsieur, si Madame pouvait le décider à prendre la route du lac Majeur.

— Connu, le lac, connu !

— Ça nous ferait une journée de Coire à Dissentis ; de Dissentis à Andermatt par l'Ober-Alp, deux ; d'Andermatt au lac, à Magadino, trois ; de...

Et il comptait sur ses doigts, le digne Tyrolien.

— Ta ! ta ! ta !... Impossible, Franz, impossible ! L'itinéraire dit non. Ne nous tentez pas. Allez en paix. Nous emportons votre souvenir ».

Je me sens tirer au pan de ma jaquette ; je fais demi-tour.
C'est le chef du clan d'Albion, un père noble très bien. Il
m'entraîne, sur un signe, dans l'embrasure d'une croisée.

« Je vous prie de m'excuser, Monsieur. Un renseignement...
Ce garçon vous a conduit ici, d'où ?

— De Botzen par le Stelvio.

— Et vous avez été satisfait de son service?

— Dame, vous voyez. De nous séparer nous avons presque
le cœur chagrin

— Et il est libre ?

— Le cœur ?

— Non, le cocher,..

— Pardon ! Franz ! vous êtes libre ?

— Parfaitement.

— Je vous retiens, mon garçon. Demain, au point du jour,
nous nous mettons en route.

— Pour où. milord ?

— Pour Botzen. Par les mêmes passages et aux mêmes conditions que Madame et Monsieur. Est-ce dit ?

— C'est dit, milord.

— En ce cas, Monsieur l'interprète (c'est moi qui parle),
vite un bout de contrat ! Prenez, copiez sur l'original de
M. Buchner.

— Voilà !

— Surtout, rendez-moi l'autographe. J'y tiens. On ne sait
pas ce qui peut arriver. Adieu. Franz ! En passant à Trafoy,
rappelez-nous au souvenir de M. le curé, du docteur s'il s'y
trouve, du chasseur de chamois.

— Embrassez Katina pour moi, ajoute la cotouriste.

— Je n'y manquerai pas, Madame ! merci ! »

La voix enrouée d'un conducteur d'omnibus :

« Messieurs les voyageurs de la ligne de Zurich en voiture
pour la gare !

— Adieu. Franz, adieu !

— Non, pas encore. Que Madame et Monsieur permettent à leur cocher du Tyrol de les suivre jusqu'à la porte du wagon. »

Voulez-vous, Messieurs, que je vous dise le fin mot ? Nous étions aux trois quarts émus.

Ragatz est un grand et beau village à une heure de Coire par le chemin de fer. Ragatz est traversé par l'impétueuse Tamina qui prend naissance au-dessus de la gorge de Pfœffers, et va mourir dans le Rhin à quelques centaines de pas de Ragatz, l'un des joyaux du canton de Saint-Gall. Pour un misérable torrent de quatre lieues à peine, quel tapage, mon Dieu ! quel tapage ! Si cela ne fait pas pitié !

La gorge de Pfœffers ! Ah ! Messieurs, si vous étiez moins de mes amis, comme je vous écraserais sous une avalanche de quatre pages et de cinquante points d'admiration ! Prenez le Fier, le Trient, la Dioza même, battez, mélangez, agitez, vous n'obtiendrez pas encore l'horrible et sombre majesté de l'antre dont la Tamina ronge les flancs. Si le Tartare n'a plus ses vieilles portes, celles de la Tamina les peuvent remplacer avec avantage. On y trouve même ce point de ressemblance que du fond de la crevasse s'échappe un épais nuage de fumée chaude, âcre et nauséabonde obligeant le visiteur à se pincer les narines et à mettre bas son paletot.

On aborde la solfatare par un sentier de planches suspendues au-dessus de l'abîme et n'ayant, tout au moins en 1864, d'autres garde-fous que les conduites des eaux en gros sapins forés comme des pièces d'artillerie.

C'est de l'apside de cet enfer que jaillissent les eaux non moins thermales que salines qui ont établi la réputation des bains de Pfœffers exploités jadis par l'abbaye du même nom, présentement par le canton de Saint Gall.

A moins d'un siècle en arrière, les malades étaient descendus aux bains du haut de la falaise de gauche dans un ignoble panier d'osier, manœuvré par un treuil à manivelle. On voyageait à l'état de botte de foin.

La situation est devenue plus digne. On a tracé le long de la Tamina un sentier d'abord, puis quelque chose ressemblant à

une route des moins vicinales. La place à peine pour le plus
étriqué char-à-bancs.

Et la Tamina qui là-dessous s'en donne à cœur joie, *quærens
quem devoret!* Le plus sage est de rester immobile sur sa
banquette et de fermer les yeux.

Ah! j'allais oublier. Un pauvre rayon de soleil vient-il
s'égarer aux bains ou dans la gorge, on crie au miracle, on en
parle dans la gazette de Coire.

Au demeurant, Messieurs, je ne sais dans les Alpes site
abordable de mine aussi farouche que le repaire mélodramatique
de la Tamina. Le seul reproche à lui adresser serait peut-être
d'avoir élu domicile trop en dehors des limites de notre oc-
troi.

Après Ragatz, le lac de Wallenstadt, Zurich, Schaffouse,
Soleure, Berne, etc., etc.

« Plumette !

— Maitre ?

— Si on leur consacrait quelques lignes ..

— Nenni ! La Suisse des collines et des plaines! Pourquoi pas
aussi le Righi, ses odieuses locomotives, ses bazars du Kulm.
ses casernes-pensions, tous ses crimes de lèse nature alpestre!
Nenni, maitre, nenni! »

FIN

9 782329 693408